Kids' Sudoku Mania

Conceptis Puzzles

Main Street
A division of Sterling Publishing Co., Inc.
New York

2 4 6 8 10 9 7 5 3 1

Published by Sterling Publishing Co., Inc.
387 Park Avenue South, New York, NY 10016

Distributed in Canada by Sterling Publishing
c/o Canadian Manda Group, 165 Dufferin Street
Toronto, Ontario, Canada M6K 3H6
Distributed in the United Kingdom by GMC Distribution Services
Castle Place, 166 High Street, Lewes, East Sussex, England BN7 1XU
Distributed in Australia by Capricorn Link (Australia) Pty. Ltd.
P.O. Box 704, Windsor, NSW 2756, Australia

Design by StarGraphics Studio

Manufactured in the United States of America

Sterling ISBN-13: 978-1-4027-4292-7
ISBN-10: 1-4027-4292-4

For information about custom editions, special sales, premium and
corporate purchases, please contact Sterling Special Sales
Department at 800-805-5489 or specialsales@sterlingpub.com.

Contents

Introduction

Sudoku is a number placing puzzle where you are given a grid containing several starting numbers. The object is to place numbers in the empty squares so that each row, each column, and each box (the box areas are marked by the dark lines) contains the allowed numbers only once.

There are two sizes of sudoku puzzles in this book: 6 x 6 and 9 x 9. It starts with the 6 x 6 puzzles on page 8. They have a 36-square grid divided into six columns marked a through f, and six rows marked 1 through 6. There are also six 2 x 3 box areas. Each complete row, column, and box needs to contain the numbers 1 through 6. Each number should only be used once per row, column, and box.

The larger puzzles, which start on page 41, have grids of 81 squares divided into nine columns marked a through i, and nine rows marked 1 through 9. The grid is also divided into nine 3 x 3 boxes. In these puzzles, you need to place 1 through 9 once in each row, column, and little-box area.

	a	b	c	d	e	f
1						
2	Box 1			Box 2		
3						
4	Box 3			Box 4		
5						
6	Box 5			Box 6		

	a	b	c	d	e	f	g	h	i
1									
2	Box 1			Box 2			Box 3		
3									
4									
5	Box 4			Box 5			Box 6		
6									
7									
8	Box 7			Box 8			Box 9		
9									

One easy way to start a sudoku puzzle is to scan rows and columns within each little-box area, eliminating numbers as an option for a blank square in the box area, and finding situations where only a single number can fit into a single square. If you are unsure of what number to use, don't guess. Each puzzle has a unique solution, and guessing isn't likely to get you to the answer.

If you are stuck on a square, you can write in small letters with light pencil what your options for the square are. Then after you've solved some other squares, you can use those markings to help you solve that marked square.

Here are some ways of using scanning techniques for a 9 x 9 puzzle to help you find the correct number. The 6 x 6 puzzles use the same logic, with a smaller grid and less numbers.

1. Scanning in one or two directions

Let's see where we can place 1 in Box 3. In this example, Row 1 and Row 2 contain 1s, which leaves two empty squares in the bottom of Box 3. However, Square g4 also contains 1, so no additional 1 is allowed in Column g.

This means that Square i3 is the only place left for 1.

	a	b	c	d	e	f	g	h	i
1				1		4			
2			1				9		
3		9		7		3		6	1
4	8		7				1		6
5									
6	3		4				5		9
7		5		4		2		3	
8			8				6		
9				8		6			

2. Searching for Single Candidates

Often only one number can be in a square because the remaining eight are already used in the relevant row, column, and box.

Taking a careful look at Square b4 we can see that 3, 4, 7, and 8 are already used in the same box, 1 and 6 are used in the same row, and 5 and 9 are used in the same column.

Eliminating all the above numbers leaves 2 as the single candidate for Square b4.

	a	b	c	d	e	f	g	h	i
1				1		4			
2			1				9		
3		9		7		3		6	
4	8	2	7				1		6
5									
6	3		4				5		9
7		5		4		2		3	
8			8				6		
9				8		6			

3. Eliminating Numbers from Rows, Columns, and Boxes

In this example the 1 in Square c8 implies that either Square e7 or Square e9 must contain 1. Whichever the case may be, the 1 of Column e is in Box 8 and it is therefore not possible to have 1 in the center column of Box 2. So the only square left for 1 in Box 2 is Square d2.

	a	b	c	d	e	f	g	h	i
1			9	2		3	8		
2				1		9			
3	4		8	6		5	1		3
4	1		2				9		4
5									
6	8		3				5		2
7	9		6	5	1?	2	3		7
8			1						
9			5	4	1?	8	6		

Let's solve one 6 x 6 puzzle together to get you started. Look at the grid below and try to find which number appears most often out of the given numbers on your grid. There are four 1s, four 3s, and four 5s. Since there are six of each number in a puzzle, we only need to place two additional 1s, 3s, and 5s. Let's start placing the remaining 1s. Box 3 is missing a 1. Column a already has a 1, so a3 can not also have a 1 (remember, each column contains each number 1 through 6 only once). Row 4 already has a 1 at d4, so it can not have a 1 at c4. The only remaining square in Box 3 that can have a 1 is b3, so we can place a 1 in that square.

	a	b	c	d	e	f
1			5		2	1
2	1	4		3		
3			3		5	4
4	2	5		1		
5			6		1	3
6	5	3		6		

Let's finish up Box 3 on the right. The two missing numbers in Box 3 are 4 and 6. Column c already has a 6, so the 6 must be placed in Column a in Box 3 at a3. That leaves only one empty square in Box 3, and one remaining number. We can place the 4 in Square c4.

	a	b	c	d	e	f
1			5		2	1
2	1	4		3		
3		1	3		5	4
4	2	5		1		
5			6		1	3
6	5	3		6		

	a	b	c	d	e	f
1			5		2	1
2	1	4		3		
3	6	1	3		5	4
4	2	5	4	1		
5			6		1	3
6	5	3		6		

Now look at Row 3 on the left; there is only one missing number: the 2. Place the 2 in Square d3. Now let's look at Box 4. Two numbers are missing: the 3 and the 6. If you look at Column f, you see that it already has a 3 in Square f5, so Square f4 can't also have a 3. The 3 must be placed in Square e4. Now you only have one empty square in Box 4 and one missing number, so you can go ahead and place the missing number, 6, in Square f4.

	a	b	c	d	e	f
1			5		2	1
2	1	4		3		
3	6	1	3	2	5	4
4	2	5	4	1	3	6
5			6		1	3
6	5	3		6		

If we look at the puzzle now (on the right), every column has two missing numbers, and rows 1, 2, 5, and 6 all have three missing numbers. Since they all have the same number of missing numbers, you can choose any column you'd like to look into next. Here we'll look at Column a next. Column a is missing a 3 and a 4. Box 1 already has a 4 in it at square b2, so Box 1 can not have another 4 in a1. The 4 in Column a must go in Square a5. That leaves a 3 to go in Square a1.

Box 1 is now missing a 2 and a 6. There is a 2 already in Row 1, so the 2 can't go in Square b1. The 2 must go in Square c2. Now you can place the only remaining missing number, 6, in the only empty square, Square b1.

Row 1 is now almost filled. Only one square remains empty, and the only number left for that row is a 4. Now you know you can place the 4 in Square d1. Column d now has five squares filled. The missing number is a 5, so you can place the 5 in the empty Square d5.

	a	b	c	d	e	f
1	3	6	5	4	2	1
2	1	4	2	3		
3	6	1	3	2	5	4
4	2	5	4	1	3	6
5	4		6	5	1	3
6	5	3		6		

If we look at Row 2 on the left, we can see two empty squares. The 5 and the 6 are missing. You will notice that filling these two spots will also complete Box 2. If we look at Column e, we see there is a 5 at Square e3, so we know the 5 for Row 2 can not go in Square e2. The 5 must then go in f2. Now there is one empty box left in Row 2. You can place the missing number, a 6, in the empty Square e2.

Now there is one empty square in Row 5 on the right. The only number missing from that row is a 2; we can place the 2 in Square b5. Box 5 is missing only one number now, the 1. We can place the 1 in Square c6.

	a	*b*	*c*	*d*	*e*	*f*
1	3	6	5	4	2	1
2	1	4	2	3	6	5
3	6	1	3	2	5	4
4	2	5	4	1	3	6
5	4		6	5	1	3
6	5	3		6		

To finish, we have to fill the two empty squares in Box 6 on the left. Column e is missing a 4, so we can place the 4 in Square e6. That leaves the 2 for Square f6. You've just completed your first sudoku puzzle! The completed puzzle is shown below.

	a	*b*	*c*	*d*	*e*	*f*
1	3	6	5	4	2	1
2	1	4	2	3	6	5
3	6	1	3	2	5	4
4	2	5	4	1	3	6
5	4	2	6	5	1	3
6	5	3	1	6		

Using these techniques, you can solve a sudoku. Start with the 6 x 6 puzzles, so you can master the basics of solving a sudoku puzzle. Once you are a champ, move on to the more challenging 9 x 9 grids. The puzzles in this book get harder as you go through them; look for the heading on the top and side of the page to see what level puzzle you are on.

	a	*b*	*c*	*d*	*e*	*f*
1	3	6	5	4	2	1
2	1	4	2	3	6	5
3	6	1	3	2	5	4
4	2	5	4	1	3	6
5	4	2	6	5	1	3
6	5	3	1	6	4	2

starter

puzzle 1

		6	5		
	3	4		2	
4				1	2
2	6				4
	1		4	6	
		5	2		

puzzle 2

	4	3			
	6			4	5
		2	6		1
3		6	5		
1	2			6	
			1	5	

puzzle 3

5		1	2		6
		4	1		
1	4			2	5
3	5			1	4
		3	5		
2		5	4		1

puzzle 4

1	4			3	6
	5			2	
		3	4		
		5	2		
	3			4	
2	6			1	5

puzzle 5

	5	1	2	3	
					1
		4	6	2	
	6	2	3		
2					
	1	5	4	6	

puzzle 6

1					2
	4			5	
5		6	1		3
3		4	6		5
	3			1	
2					4

puzzle 7

2	3			6	5
1					3
		5	6		
		2	3		
6					4
5	4			3	6

puzzle 8

3			2	4	1
4					
5		1	6		
		3	1		5
					2
2	5	6			3

starter

puzzle 9

	5		4	2	
1					5
5		1	2		
		2	1		4
2					3
	6	3		1	

puzzle 10

3		6			4
	4			3	
		2	1		5
5		1	4		
	5			4	
2			3		6

puzzle 11

		5	6		
	6			5	
2		1	3		4
6		4	2		5
	2			4	
		3	1		

puzzle 12

		5	2	3	
4					
6		2	1		5
5		1	3		6
					2
	1	6	4		

puzzle 13

6		3	1		4
		2			
2				6	1
1	4				5
			5		
5		1	6		3

puzzle 14

	1			4	
3		4	1		6
	6	1	2	3	
	3	2	5	6	
2		3	6		5
	5			2	

puzzle 15

3		1	6		4
5	2			1	6
1	6			4	5
6		2	4		3

puzzle 16

	1			2	
5		2	1		3
	4			6	
	3			5	
3		6	5		4
	5			3	

puzzle 17

	3	6	1	5	
5					2
1					6
4					3
3					5
	5	4	3	2	

puzzle 18

	2			4	
5		4	1		2
	3			5	
	1			6	
2		3	6		4
	4			2	

puzzle 19

4		5	6		2
2		4	1		3
3		6	5		4
5		2	4		1

puzzle 20

		1	3		
	2			4	
1	4			3	2
2	6			1	4
	1			5	
		4	2		

puzzle 21

	4			5	
5		2	6		4
4					5
3					1
2		6	4		3
	3			2	

puzzle 22

4	6		3		1
			6		4
1	4				
				4	5
6		4			
5		3		6	2

puzzle 23

4		1	3		5
	5			1	
1					3
5					2
	1			4	
6		2	5		1

puzzle 24

	2	4	6	1	
		6	3		
5					6
2					4
		5	4		
	3	2	5	6	

starter

puzzle 25

3	6			1	
4			5		6
			4	2	
	2	4			
5		6			2
	4			5	3

puzzle 26

		5	1		
1	6			4	5
5					3
6					4
2	3			5	1
		1	6		

puzzle 27

5					6
	2			5	
2		5	6		3
1		3	4		5
	5			4	
4					2

puzzle 28

4		3	5		1
	1			4	
5		6	4		3
	3			5	
3		2	1		5
	5			3	

puzzle 29

6					1
		3	6		
	3	4	5	1	
	6	1	2	3	
		2	1		
1					3

puzzle 30

5		3	1		2
	6			5	
		4	6		
		2	3		
	1			3	
3		6	5		4

puzzle 31

3			2	1	
		2		6	5
	2				1
6				4	
5	1		4		
	6	4			3

puzzle 32

3	1			2	6
	6			5	
		4	1		
		6	5		
	4			1	
6	5			4	3

puzzle 33

		2			4
4	1		3	5	
		5			1
1	2		6	4	
		4			3
5	3		4	2	

puzzle 34

	4			1	
3					2
		5	1		
		6	4		
1					4
	2			5	

puzzle 35

2		6			
			6		4
1		4			
			4		5
3		1			
			2		1

puzzle 36

		1			
	2	5			
6	1		4		
		2		1	3
			2	4	
			1		

puzzle 37

5		6		2	
	3				4
1					
					5
4				6	
	5		1		3

puzzle 38

3	2	5			
			3		
	4			3	
	1			6	
		2			
			5	2	4

puzzle 39

			6	4	
	2	4			
			1	6	
	6	5			
			3	5	
	5	1			

puzzle 40

	1	6			
2		4			
3	5				
				1	3
			2		5
			3	4	

simple

puzzle 41

4					6
		2	5		
6					3
1					4
		3	6		
5					2

puzzle 42

	4		1		
1		6		4	
	5				1
4				5	
	6		2		5
		2		3	

puzzle 43

5					3
		6	4		
	3			2	
	5			1	
		5	1		
1					2

puzzle 44

			3	4	5
5	3	4			
4	2				
				2	1
2					4
6					3

puzzle 45

	5			2	
2					4
	2			6	
	4			1	
1					5
	6			3	

puzzle 46

		6	2		
		5		3	
4	5				2
2				4	3
	1		3		
		2	6		

puzzle 47

4		2		3	
					2
5		6			
			5		4
2					
	6		1		5

puzzle 48

	4			1	
		2	5		
	5			2	
	1			3	
		6	1		
	2			6	

puzzle 49

2		4		6	
					1
	3		6		
		5		2	
5					
	2		4		6

puzzle 50

5			1		6
			5		
1	2				
				5	1
		6			
4		1			3

puzzle 51

	1		6	2	
	5	6		4	
	2				
				5	
		3	1	6	
	6	2	5		

puzzle 52

		5	3		4
		4	1	5	
4					
					3
	4	3	5		
6		2	4		

puzzle 53

	3			6	
	5			1	
			4	2	
	6	4			
				4	3
6	4				

puzzle 54

			5		
	1			4	
3		1	4		
		2	6		1
	4			2	
		3			

puzzle 55

		5		3	
2	6			1	
					2
1					
	2			5	1
	5		4		

puzzle 56

2		4			
			6		4
5		2			
			5		2
1		3			
			4		3

puzzle 57

2	3			4	5
1					4
6					3
3	4			1	6

puzzle 58

	1	3			
					6
		4	2		5
5		2	3		
2					
			4	2	

puzzle 59

4			3		
		3			5
1			6		
		2			1
3			5		
		1			6

puzzle 60

	4		2		
3			6		
		2		1	3
4	1		5		
		6			5
		4		6	

puzzle 61

	3	4		5	
1					6
					5
2					
3					2
	2		6	4	

puzzle 62

2					6
		3			
		4	3	5	
	2	5	4		
			1		
1					5

puzzle 63

	3	4	2		
					5
4					2
1					3
6					
		1	6	5	

puzzle 64

	2	5	1	3	
		6	2		
		1	6		
	3	4	5	2	

puzzle 65

	3				1
6				2	
	4				3
2				1	
	1				2
5				3	

puzzle 66

	4		1		6
1		3			
	5				2
3				5	
			2		5
5		2		6	

puzzle 67

		4			1
6			4		
				1	
	2				
		6			5
2			3		

puzzle 68

4		2	5		6
	4			1	
	2			5	
5		1	3		2

puzzle 69

		5			
		3	6		2
6					
					3
4		2	1		
			2		

puzzle 70

	4			2	
		1	5		
4					6
3					5
		5	4		
	3			5	

puzzle 71

		5	6		
				3	
6					1
2					4
	4				
		1	2		

puzzle 72

	6				
	1			5	3
		3	2		
		1	5		
2	3			4	
				2	

easy

puzzle 73

					4
	1		2		
		2		1	
	4		3		
		1		3	
6					

puzzle 74

	4				
2			4		
	2			3	
	1			6	
		3			6
				4	

puzzle 75

4		2			
			2		
2				3	
	1				4
		6			
			3		1

puzzle 76

					2
4	6				
				4	
	5				
				1	3
5					

puzzle 77

2					5
		6	1		
	2			1	
	1			4	
		5	2		
1					3

puzzle 78

		4	5		
	3		2		
				4	
	1				
		3		1	
		6	4		

puzzle 79

		2		6	
6			2		3
2		5			1
	1		3		

puzzle 80

5			3		
		6			
	1				4
3				5	
			2		
		3			6

puzzle 81

	5				
6			1	4	
				6	
	2				
	1	3			6
				5	

puzzle 82

		1			3
3	5			6	
	2			3	4
5			1		

puzzle 83

	2			3	
6		3			4
	1				
				4	
5			3		2
	3			1	

puzzle 84

	3				
6			1		
			3	4	
	4	5			
		6			4
				2	

puzzle 85

	2				1
3			6		
			3		
		6			
		3			4
4				2	

puzzle 86

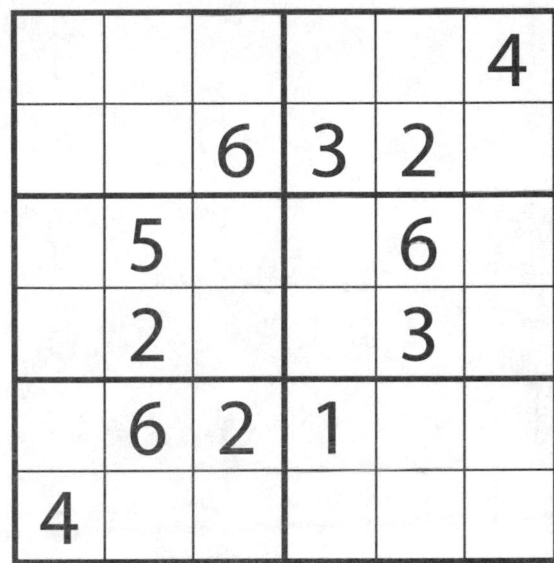

					4
		6	3	2	
	5			6	
	2			3	
	6	2	1		
4					

puzzle 87

5		6		2	
					3
2					
	4		3		6

puzzle 88

3			6	1	
	5				
				3	
	6	5			4

puzzle 89

4					1
		2	5		
5					2
1					5
		3	6		
6					3

puzzle 90

2		6		4	
					5
4					
					2
6					
	3		5		6

puzzle 91

6					5
		3	1		
	3			4	
	4			1	
		4	6		
5					4

puzzle 92

	5			3	
2					1
		5	6		
		6	3		
1					3
	3			2	

puzzle 93

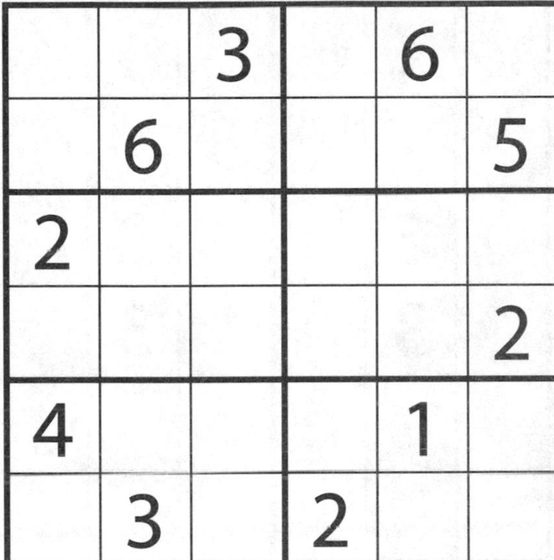

		3		6	
	6				5
2					
					2
4				1	
	3		2		

puzzle 94

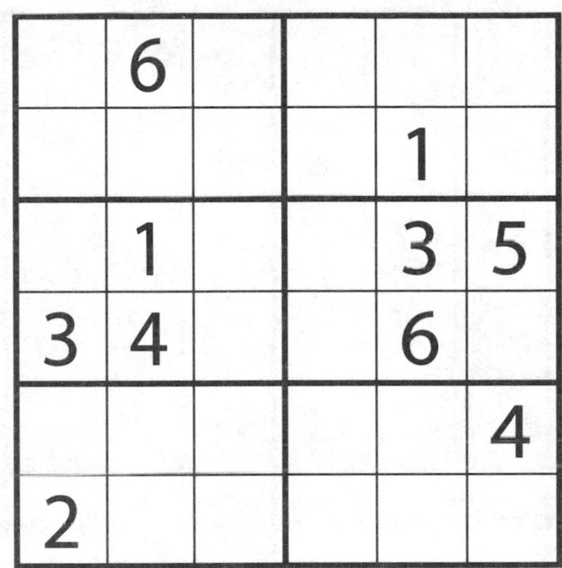

	6				
				1	
	1			3	5
3	4			6	
					4
2					

puzzle 95

			4		
3					2
		1	2		
		2	5		
4					6
		5			

puzzle 96

			1	5	
	5	1			
2					
					5
	6				1
4				2	

easy

puzzle 97

		1			
		2	4		
6	2			5	
	1			3	6
		4	6		
			5		

puzzle 98

	5				
2			5		
	6			2	
	3			5	
		6			3
				1	

puzzle 99

	6			5	
	1			3	
		1	3		
		6	1		
	4			2	
	5			1	

puzzle 100

4			6		
		6			
	5		3		
		2		6	
			2		
		1			5

puzzle 101

		5	6		
	4				
1					6
3					5
				4	
		2	5		

puzzle 102

		4	3		
	3			4	
2					3
5					1
	5			3	
		6	2		

puzzle 103

	6		3		
		2		6	
	4		5		
		5		3	
	3		6		
		6		5	

puzzle 104

6			2		
		2			5
4			5		
		1			3
3			1		
		5			4

tough

puzzle 105

	3			4	
5			2		3
	4				
				3	
3		1			2
	2			5	

puzzle 106

6	5				
		1			4
			3		
		2			
5			2		
				5	1

puzzle 107

	1		5		
2				1	
					1
3					
	5				6
		3		4	

puzzle 108

	5			2	
		4	1		
	6			1	
	2			3	
		2	3		
	4			5	

puzzle 109

			5		6
			2		
		1		2	
	2		3		
		4			
5		6			

puzzle 110

3	1			2	
6	2	5			
			5	6	2
	4			1	3

puzzle 111

	5	1	3		
					5
5					6
1					3
2					
		6	4	5	

puzzle 112

		3	6		
				3	
1		6			4
5			1		6
	6				
		1	5		

tough

puzzle 113

	5				
3		6			
	4		3		
		2		1	
			4		5
				2	

puzzle 114

1	3				
2			1		
				5	
	4				
		3			6
				2	3

puzzle 115

		4		3	
	1		6		
		6		5	
	2		4		
		3		2	
	5		3		

puzzle 116

6					4
		2	6		
		5	1		
		1	4		
		6	2		
2					6

puzzle 117

4			1		
	1				
		3			1
6			2		
				2	
		2			5

puzzle 118

3			1		6
	2			3	
4					
					1
	4			1	
1		3			2

puzzle 119

	2			3	
4					2
		4	2		
		1	5		
6					4
	4			6	

puzzle 120

4				5	
				3	1
2					
					3
5	4				
	2				4

puzzle 121

2					1
	4		2	3	
	6				
				6	
	2	3		5	
6					2

puzzle 122

	5		3		
		6		1	
	4		6		
		2		5	
	2		5		
		5		6	

puzzle 123

4				2	
5		3	6		2
2		1	3		4
	3				1

puzzle 124

	6				1
1				4	
	2				3
5				6	
	3				5
2				3	

puzzle 125

5			2		
		1			4
4			1		
		6			5
3			4		
		4			3

puzzle 126

	4	3	2	5	
	2			4	
	3			1	
	5	4	3	6	

puzzle 127

		4			
		5	1		
	5			6	1
2	1			3	
		2	6		
			3		

puzzle 128

		4		6	
					3
1			5		
		6			2
3					
	6		3		

puzzle 129

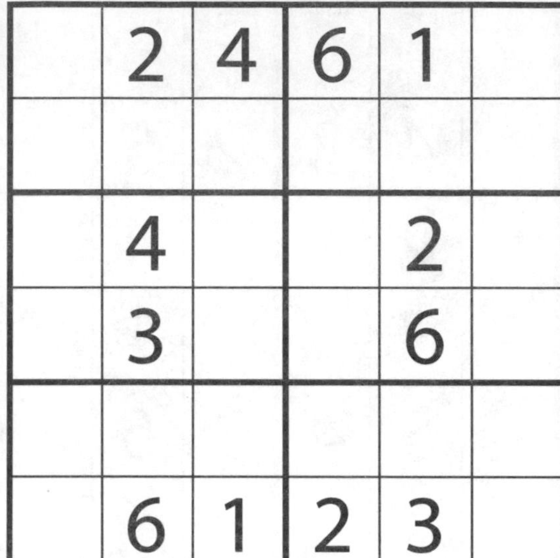

	2	4	6	1	
	4			2	
	3			6	
	6	1	2	3	

puzzle 130

2		3			5
		4	5		3
3		6	2		
5			1		6

puzzle 131

		3			2
5			3		
		5			3
1			6		
		4			5
3			4		

puzzle 132

			2		
4	2				
		6			3
3			6		
				3	1
		1			

puzzle 133

	9		6			1		
	5			8	2		9	7
2		7	4			3		
	3		1		8	5		9
	8			4			1	
5		6	2		3		7	
		1			4	8		6
6	4		7	3			2	
		5			1		3	

puzzle 134

	1	8			7			
			5			9		6
	5		4	8	9			2
3		5	1		2	8	7	
		4				2		
	9	1	8		6	4		3
1			7	6	3		9	
7		6			8			
			2			6	3	

puzzle 135

	6		5				7	
2	5	3		9		4	1	8
9				8				2
			8		1			6
	8	2				3	5	
1			3		7			
4				1				7
6	7	5		3		1	4	9
	1				4		8	

puzzle 136

7		6				3		8
			1	7	6			
2			3		8			9
	2	4		9		5	6	
	1		7	6	4		2	
	9	7		5		8	4	
5			6		2			4
			9	3	7			
1		3				2		6

puzzle 137

	4	5		1			6	
1			7		8	4		2
	2				9			7
	8	7	9		4		5	
3				2				8
	9		8		5	3	2	
4			2				9	
5		8	1		6			3
	3			4		1	8	

puzzle 138

			6	5	9			
	5	2		7			8	
		1	8			3	5	
9			4		7	5		6
5	7			6			3	8
2		3	5		8			4
	3	9			1	7		
	4			8		2	9	
			3	9	6			

puzzle 139

	2	9	1		4			
				9	7	2		4
	6	4	5			8		7
8	9					4		2
	3			2			7	
5		2					8	1
4		3			1	7	2	
9		6	2	7				
			8		6	1	3	

puzzle 140

		4	2		7	1		
	9		6	5	8		3	
6		2				7		8
3	4		9		5		1	7
	7						4	
8	1		4		3		6	5
7		1				3		9
	5		7	8	1		2	
		8	3		2	5		

puzzle 141

	1							
	5		8	1	6	2	4	7
	2	7	5			1		
	6		3		8	4	7	
	3			6			5	
	9	1	7		4		2	
		9			2	5	1	
5	8	2	1	4	3		6	
							3	

puzzle 142

4	5				6			7
		7	5		2	9		6
	2			7			5	
5	6		2		7		4	
		1				8		
	4		3		8		7	1
	8			9			2	
2		3	4		1	6		
6			7				8	3

puzzle 143

		4		6	2	3		
8								2
2	3	5	9			7	1	6
9			4		7	5		
3				5				8
		1	6		8			7
1	5	7			9	6	2	3
4								5
		2	3	1		8		

puzzle 144

		6	8		4	7		
	1			5			4	
2			3		6			5
7		9		8		2		6
	2		6	7	5		1	
5		1		9		8		4
3			5		8			7
	7			3			9	
		4	7		9	5		

puzzle 145

	1							
		9	4		5	2		3
	4	6	9	3		8	7	
	3		7		4	9	5	
		8				4		
	9	1	3		2		8	
	6	3		9	8	5	4	
8		7	1		6	3		
							6	

puzzle 146

	1		3		7	2		
		3	4	2	8			6
		7		1	9	5		
5			9		4		2	3
8	6		5		1			7
		5	7	9		3		
7			1	6	5	4		
		9	8		3		1	

puzzle 147

		2	6		4	9		
	8				5	2	4	
1	4	5		9		6		3
2	3							4
		4		2		1		
7							8	2
5		3		7		8	2	9
	9	7	1				6	
		6	3		9	4		

puzzle 148

	1			9			6	
	2			7			4	
7		9	8		1	3		5
	7			4			5	
	6			2			3	
2		4	5		6	7		9
	8			3			7	
	9			5			1	
1		6	4		7	2		3

puzzle 149

		4	1			8		
	9			8			6	
8		5	3		6	1		4
		3	4		7	9		1
	6			9			4	
7		9	8		3	5		
5		6	2		8	4		9
	1			3			7	
		7			1	3		

puzzle 150

	3		5		7		4	
5	7						1	3
			3	9	1			
4		7		2		1		9
		8	6		9	2		
2		5		3		6		8
			4	6	3			
6	4						8	7
	5		7		8		2	

puzzle 151

	8			5			4	
9			6		2			1
		1	4		9	8		
	7	2	9		4	1	6	
4				2				5
	6	9	8		5	4	2	
		4	5		7	9		
6			3		1			4
	9			4			5	

puzzle 152

	6	3	5	9		1		8
5			1		4			
4		8	3					9
1	4	9					6	
3				1				4
	8					9	2	1
8					3	2		6
			2		6			7
6		4		7	1	5	9	

simple

puzzle 153

	9		6		1		5	
	5	1				3	2	
			5	2	8			
6		9		8		4		5
		8	7		5	2		
7		5		4		6		1
			4	1	7			
	6	2				7	4	
	7		2		6		3	

puzzle 154

		3			4			5
5	8		9	1		2	6	
9			2			3		
		1			2			8
6	3		5	7		1	4	
8			4			6		
		6			9			2
4	2		1	8		7	5	
1			3			4		

puzzle 155

		9	8	5	6	3		
	1		7		3		2	
		7		2		4		
9	8						3	5
1		4		3		9		6
7	3						4	1
		3		6		1		
	5		2		4		9	
		2	3	7	1	5		

puzzle 156

		7	2	4		3	1	
9		2						
4				7	1		8	6
		5	7		8			2
1		8				7		4
2			3		4	1		
5	3		6	9				7
						6		3
	2	6		8	3	5		

puzzle 157

	6	2				3	7	
9			7		2			6
1			8		3			4
	2	4	3		7	8	5	
				2				
	9	8	5		4	6	2	
2			9		5			8
4			2		6			3
	3	5				9	6	

puzzle 158

1	6	4				7	5	9
3			4		9			2
9		8		5		4		6
	4		5		3		2	
		1				3		
	8		9		6		7	
4		2		3		8		7
8			7		2			5
7	5	6				2	4	3

puzzle 159

		3				1		
	6	4	5	3	8	7	9	
2				7				6
	9		4		1		8	
	4	2				5	1	
	3		9		6		7	
9				6				7
	2	6	7	1	9	3	5	
		8				9		

puzzle 160

7					6	4	2	1
5				3				
1		9	8		2	6		
2		7		6		3		
	3		1	5	7		6	
		5		4		8		7
		8	6		4	5		9
				8				6
9	7	6	3					4

simple

puzzle 161

			2	7	9			
5		4				2		6
8	7		6		5		1	3
9		3				1		2
2				9				4
1		7				3		8
4	8		3		7		2	1
3		5				6		7
			5	2	8			

puzzle 162

9					3			7
	5	3	4	7		1	9	
	2			1			5	
2			6	8	1		4	
	1	4		9		8	3	
	6		3	4	7			1
	4			6			1	
	7	6		3	2	9	8	
1			8					3

puzzle 163

			5	8	9		7	
		4		7		1		6
	2				4		8	
5				1		3		9
2	7		4		6		5	1
4		9		3				2
	6		9				3	
7		8		4		6		
	4		6	2	8			

puzzle 164

			6	8	3			
	3	5				7	1	
	4		1		7		6	
2		6	5		4	1		7
9				6				2
7		3	2		8	6		4
	9		8		5		7	
	6	2				5	8	
			3	1	6			

puzzle 165

8			1					2
9	2		3				1	8
		4	8	9		7		
			4		7	1	2	3
		2		6		4		
4	1	5	2		8			
		3		1	9	2		
2	6				4		7	1
5					3			9

puzzle 166

		5	9		1	2		
6		9				5		1
	1		7		4		9	
4		7	1		5	3		8
				2				
9		1	8		3	6		7
	8		5		9		1	
1		4				9		3
		2	4		8	7		

puzzle 167

	7	5	2		8	6	3	
9				4				1
6			3		5			2
8		1	9		2	4		6
	6						1	
7		4	8		1	9		3
4			7		9			8
5				3				9
	9	2	5		6	1	4	

puzzle 168

	9	5		7		1	6	
6			3		9			7
4				1				5
	1		5		2		7	
9		2				3		8
	5		6		8		1	
5				8				6
1			9		7			4
	2	8		6		9	3	

puzzle 169

2		8	4				6	1
6		9	8	1				
		1			9	5	8	2
		3					5	8
	6			2			9	
5	2					4		
7	9	2	3			6		
				5	4	7		3
4	3				6	8		9

puzzle 170

	9	8		6	1		2	
1		2		5				9
					2		1	4
9		6		8				
7	1		6		5		8	3
				4		5		7
4	6		2					
8				1		4		2
	2		8	9		3	7	

puzzle 171

6			5		4			1
		1	9		8	3		
	5	9				2	6	
5	1			9			4	3
			7		5			
9	4			3			2	8
	6	2				1	8	
		4	2		9	6		
3			1	6				2

puzzle 172

5		9				2		8
			9	4	5			
3			8		7			6
	6	8	5		3	1	2	
	9						3	
	3	2	1		8	4	6	
9			4		1			2
			6	5	2			
6		4				5		3

puzzle 173

2			8	7	3			1
	9	3			4	7	6	
	5						8	
7	3		6		5			9
6				8				4
4			3		2		7	5
	2						9	
	7	4	5			2	3	
3			2	9	8			7

puzzle 174

9		5				8		3
	6		4	1	3		5	
3				5				2
	2			3			9	
	4	1	5	9	2	3	8	
	3			8			7	
1				2				4
	5		9	6	7		3	
6		3				9		7

puzzle 175

		3		6	9	5		
	1		3				9	
9		4		1		8		6
8			1		3		2	
1		2		9		3		7
	3		5		2			8
3		8		5		2		1
	4				7		5	
		6	9	2		4		

puzzle 176

7				6	9	8		3
				4		2		
5	6	1	2			9		
6			4		8	5		
4	9			5			7	1
		2	7		6			9
		5			4	1	2	8
		6		7				
1		3	8	2				6

puzzle 177

5	1		4	9		8	2	
6			3			1		
		7			2			6
9	8		2	3		4	5	
3			5			6		
		2			4			3
2	6		7	5		3	1	
8			6			9		
		5			1			8

puzzle 178

	5	2				4	9	
7			5		4			8
4			2		1			6
	6	4		1		7	8	
			6	8	2			
	1	8		3		2	6	
6			3		8			5
3			7		6			1
	4	7				6	3	

puzzle 179

7				5	1		9	3
3		5	2			7		
	4			8			1	
1			6		8		4	
9		3		2		5		7
	7		5		9			8
	9			4			7	
		7			5	9		6
8	3		9	6				2

puzzle 180

		9	1		4	2		
	5	4	7		6	3	8	
7	1						4	5
4	8		9		2		5	7
9	6		4		8		3	2
1	9						6	4
	7	3	5		1	8	2	
		2	8		9	7		

puzzle 181

	9	2						
			2		4	5		8
	4	7	3		8	9		6
	7	4	5		6	1	8	
				4				
	5	6	1		2	7	9	
7		9	4		1	6	5	
2		3	9		5			
						2	1	

puzzle 182

4		5				8		6
		3	5		9	7		
8			2		6			5
	3	6		5		1	4	
			6		7			
	8	1		3		5	6	
3			7		4			2
		2	8		1	4		
9		7				6		1

puzzle 183

	2	6				1	8	
4			1		7			9
1		5		6		7		2
	6		5		8		2	
		2				6		
	1		6		2		9	
6		7		8		9		1
3			4		1			6
	4	1				3	5	

puzzle 184

9		5			6		8	
	2				5	9		4
4		7		3	1		2	
					7	4	1	2
		2				8		
6	9	4	1					
	6		4	7		3		9
2		9	5				6	
	7		8			2		1

puzzle 185

2		6	4			7		1
			6	1	3			
8	1						9	3
	4		3		6		8	9
	6						7	
9	7		2		8		6	
6	2						3	5
			8	3	2			
1		3			5	4		7

puzzle 186

	2			6			5	
		1			7			8
5	3		8	4		1	7	
	5			8			1	
		4			5			7
8	9		7	1		2	4	
	6			2			3	
		2			1			4
1	7		6	3		8	9	

puzzle 187

7			1		4			8
		2		3		4		
	3		2		6		5	
6		1		4		3		2
	7		6	5	1		4	
4		9		7		6		5
	1		8		3		2	
		8		1		7		
5			7		9			3

puzzle 188

	2	3		1	7		4	9
8		1	5		2	6		3
	1	2		8	4		9	5
5		4	1		3	2		7
	8	9		6	1		5	4
3		5	7		9	8		1

puzzle 189

	7	6				4	5	
4		3		5		1		9
	1		8		2		7	
		2	3		6	7		
	9						3	
		1	7		4	8		
	2		9		3		8	
9		8		1		3		7
	6	5				9	1	

puzzle 190

	7		5		4		8	
8		4		9		5		2
	6			8			4	
9			4		1			5
	1	7				2	6	
5			6		7			8
	9			6			2	
4		8		7		9		6
	5		2		9		3	

puzzle 191

9			8		7	2		4
				5		1		
1	2	6	3			7		
4				3		8		7
	5		7		9		1	
6		7		2				9
		1			3	6	4	8
		4		6				
8		3	9		2			1

puzzle 192

	4	3		6	8		9	5
	2			1			6	
6			4			1		
	7	1		8	2		4	6
	6			3			5	
2			6			8		
	5	4		7	3		2	1
	3			9			8	
8			2			3		

simple

puzzle 193

3		7	4		8	1		6
	2						7	
6		1		7		2		3
2			3		6			7
		9		1		6		
8			9		7			1
9		5		8		7		2
	8						6	
4		6	2		5	9		8

puzzle 194

6			5		4			9
	7			6			5	
		5	1		9	6		
2		7	9		5	4		6
	9			4			3	
4		8	3		6	1		7
		2	6		1	5		
	6			8			2	
3			2		7			8

puzzle 195

	6		3	8		1	2	
5	1			2	6		9	8
7								
	2			1				6
6	9		5		2		3	4
3				6			5	
								2
2	5		6	3			4	9
	3	7		4	9		8	

puzzle 196

	5		7			1	3	
6		3	4					9
2		1			8	5	4	
		2		5			7	4
			6		1			
4	6			9		3		
	2	5	1			4		7
8					4	2		3
	4	6			9		1	

puzzle 197

	7		9		6		5	
	8			7			3	
		1	2	4	3	9		
3		4				2		5
	6	8		2		4	7	
7		9				3		8
		7	4	6	2	5		
	9			1			4	
	4		8		9		2	

puzzle 198

	2	3				1	9	
6			3		7			8
9			5		1			6
	7	5	4		8	6	2	
				5				
	1	9	2		6	8	5	
1			8		5			2
5			1		2			3
	8	6				5	7	

puzzle 199

	7	6		5		1	9	
1			6		7			3
4		5				7		8
	4		2		3		5	
5								1
	1		5		6		4	
2		4				8		9
6			1		9			5
	5	1		3		2	7	

puzzle 200

			5		8		4	
2	4	6	1			9	5	
	9		2				3	
5			8		1	6	2	9
4	6	9	3		7			5
	5				2		8	
	2	4			5	1	6	3
	1		4		6			

puzzle 201

		6		3		4		
		3	8		7	9		
	1		5	6			8	
	5		6		3	7	2	
8		9				1		3
	7	2	4		8		5	
	3			7	4		1	
		1	3		2	8		
		5		8		2		

puzzle 202

3		1	4			6		8
				3	8			
2		9	6		1	4		3
	1	8				7		4
	3			2			9	
7		2				5	3	
4		6	2		3	1		7
			7	1				
1		3			4	2		5

puzzle 203

	5	2	6			9		
	6				7		1	5
1		3		5		4		2
	3		1		5			9
		6				3		
2			7		8		4	
3		7		8		6		1
5	2		4				8	
		1			3	5	2	

puzzle 204

	8	9		7		1		
			9	6	2			4
7					5			9
	1	4	6		7		2	
6	9						4	3
	7		5		9	6	1	
5			4					7
4			2	8	3			
		8		5		4	6	

puzzle 205

9	5	3				8	2	1
8			5		2			6
6				3				4
	1		6		9		4	
		7		4		1		
	9		1		3		5	
7				2				5
1			9		4			8
5	2	9				4	6	3

puzzle 206

			9		3			
	6		7	8		2	1	
	1	4			5	8		
1		3	6		2		7	8
	5			4			3	
7	2		1		9	5		6
		2	3			4	6	
	3	5		9	8		2	
			5		6			

puzzle 207

	5		9	3		8	2	
2					7			9
9		4	2			3		
	7		8	2	5	1		6
5								3
6		2	3	4	1		9	
		3			2	4		7
4			6					8
	9	6		8	4		3	

puzzle 208

8		2	5	6	4	3		7
			3		1			
9								4
7	5		9		6		1	8
1				8				6
6	2		1		3		7	9
4								3
			4		9			
3		9	7	2	5	8		1

simple

puzzle 209

	6		3		1		4	
1		4		6		9		2
	8		4		9		7	
5		1				3		8
	3			4			6	
9		6				7		4
	1		9		5		8	
8		7		1		6		3
	9		6		7		5	

puzzle 210

	2	1				7	5	
8	9						2	4
5			2	4	8			3
		5	4		7	3		
		4		2		1		
		9	1		5	8		
1			6	9	3			7
9	5						3	1
	7	8				4	9	

puzzle 211

8		1	5	2	3	4		9
		5				8		
9	7						3	6
1			4		6			8
4				8				1
6			7		2			5
5	9						2	3
		6				9		
2		4	1	9	5	6		7

puzzle 212

		8	9	4		3	7	
6		4						
3				6	7		4	2
		6	4		3			9
8		7		5		1		3
9			1		6	2		
5	6		7	9				1
						6		5
	9	3		1	5	8		

puzzle 213

2	1		9		5		3	4
8			7		3			6
		6		8		9		
3	2						4	8
		8		2		7		
7	5						6	9
		9		1		3		
1			3		6			7
5	7		4		2		8	1

puzzle 214

6		4	8		3	1		2
	5			4			3	
		8			5			4
1		9	7		2	4		5
	2			8			7	
		7			1			9
2		5	4		8	9		7
	7			9			2	
		3			7			6

puzzle 215

			9	6	4		8	
1	8	4		2		6	9	
	6						3	
9			2		1			8
8	3			7			6	1
2			8		6			3
	9						1	
	5	3		9		8	7	4
	1		6	4	3			

puzzle 216

	9	2	8					
			5	6	9			2
		8		1	7	4		5
	6	5					7	9
	7	4	6		1	2	3	
1	2					6	5	
2		9	3	7		5		
7			1	8	5			
					2	8	6	

simple

simple

puzzle 217

	2		4		8		7	
6								2
9		8	2	6	7	4		5
1		9				3		4
		3		9		7		
7		6				5		8
4		2	3	1	5	6		7
8								3
	6		8		2		4	

puzzle 218

		9	7		2	6		
		6				4		
2	7		4		6		5	9
6		5	3		8	9		4
7		4	9		5	8		2
9	8		6		4		1	3
		2				5		
		3	1		9	7		

puzzle 219

		9	8		3	5		
	4		1		2		3	
3		5				8		7
1	7		5		6		9	8
2	9		7		8		5	4
9		1				7		3
	6		3		5		1	
		8	9		7	2		

puzzle 220

	7	5	6			2		
					8			3
6		8	2		4	9		7
	4	9	8		5	6		2
2		6	3		1	5	7	
8		3	5		7	1		6
5			1					
		2			3	8	4	

puzzle 221

		2			9			8
4		5	1		8	6		3
	6			4			5	
		1			6			5
8		3	4		2	7		9
	9			8			1	
		6			7			1
3		4	5		1	9		7
	1			3			8	

puzzle 222

		3	7		6	8		
	6			8			9	
5			9		4			1
4		5		6		1		2
	7		2		5		8	
8		2		1		9		6
3			8		9			7
	2			5			6	
		9	6		2	5		

puzzle 223

9	1		6	4		8	2	
8		6	9		1	5		3
7	2		1	8		4	3	
3		5	4		9	1		2
1	5		2	6		3	8	
2		4	8		7	6		1

puzzle 224

	1		3	2		4	5	
3			4		8	1		6
4	6							
	7		9		4		3	2
6								4
1	4		2		7		9	
							4	7
5		4	8		2			1
	9	1		4	5		8	

puzzle 225

	6	2		4		8	7	
4			7		3			1
7		3				9		4
	3		8		6		1	
6				1				5
	1		2		5		4	
8		6				3		2
3			4		2			7
	7	1		9		4	5	

puzzle 226

	4	2						
	7	8		9	3		1	6
				8	4		2	5
	9	3	1		7			
	5	6				9	7	
			9		2	6	8	
1	6		5	2				
4	2		8	3		1	9	
						5	6	

puzzle 227

	8		7		1		6	
2	3		4		6		1	9
				9				
8	7		6		3		9	2
		1		2		6		
3	6		9		8		5	4
				6				
6	2		1		4		7	3
	4		3		5		2	

puzzle 228

		4			1			8
7	8		4	3		1	9	
1			5			2		
		9			2			6
8	7		9	1		4	2	
2			6			5		
		5			7			2
6	1		2	5		3	7	
4			8			9		

puzzle 229

	7	6		9	4		5	3
3		9	1		8	2		6
	4	2		6	7		1	8
6		3	5		2	4		9
	8	4		5	9		3	1
7		1	4		3	9		5

puzzle 230

	5			2			7	
2		3	5		7	1		4
	1			4			3	
	3			1			4	
4		8	2		5	3		6
	7			8			5	
	2			9			6	
1		9	4		8	7		5
	4			5			8	

puzzle 231

		8			2	3	5	
	6		8	3	7	4		9
4							8	2
	5				1		2	3
	8			5			9	
7	2		9				4	
8	4							1
6		9	4	7	5		3	
	7	3	1			9		

puzzle 232

	7		6		2		1	
4		5	1		7	9		6
	6			5			8	
3	8						9	5
		9		7		2		
6	2						4	3
	1			4			3	
8		3	9		5	6		2
	9		8		3		5	

simple

puzzle 233

		3	8		9			
		7		5				
5	6	1	3		7	8		
6		9		2		5		3
	2		9		4		7	
7		4		8		2		9
		2	4		8	3	6	7
				9		1		
			5		6	9		

puzzle 234

3			5			6		
		9			8			5
1		5	6		2	3		4
7			1			9		
		4			5			6
9		6	3		7	5		8
8			2			4		
		7			6			2
4		3	8		9	7		1

puzzle 235

	3		9		5		4	
9		4				1		5
	7		3	4	1		8	
7		6				8		4
		8		6		7		
2		9				3		1
	9		7	5	2		1	
1		5				4		9
	6		4		9		2	

puzzle 236

9								6
	2		6		5		3	
3		7	4		2	8		5
6		5	7		9	1		3
8		3	5		1	2		9
5		4	2		7	9		8
	8		1		3		4	
2								7

puzzle 237

	2	9				6	4	
6	3		4		1		2	5
4				2				1
	7			5			1	
		4	9	6	7	3		
	9			4			6	
2				9				3
7	5		8		6		9	4
	4	3				5	8	

puzzle 238

	1	4		8	2		3	5
	8			9			2	
6			1			7		
	9	3		1	7		5	8
	7			3			4	
8			5			3		
	6	7		2	1		9	4
	5			6			7	
2			9			1		

puzzle 239

	6		5	2	7		4	
1			8		9			6
		5				8		
4	2		3		8		6	5
5				6				4
6	1		2		4		3	8
		1				5		
8			4		3			9
	9		7	8	5		1	

puzzle 240

	2			9			6	
3		8	5		4	7		9
1			7			4		
	3			8			5	
8		5	3		6	9		4
6			9			1		
	9			3			4	
2		1	6		7	3		8
5			4			2		

puzzle 241

1		9				5		6
7	5		6		4		8	3
3				7				4
	9		8		2		4	
		3				2		
	2		1		6		9	
8				1				9
2	3		7		9		1	5
9		5				7		2

puzzle 242

		3	4	2	9	1		
7				6				4
1		6				5		9
5				4				2
2	6		5		7		8	3
4				3				1
9		5				2		8
6				5				7
		2	6	1	8	9		

puzzle 243

6		7	2		1	8		9
		5	4		8	6		
1								5
5	8			4			7	3
			9		7			
4	7			3			6	1
7								8
		4	3		6	7		
8		2	5		9	1		6

puzzle 244

2					8			3
	7	3		1			6	
		1	9	3		4	2	
1			8		5	9		
	2	4				8	5	
		5	7		6			4
	9	8		7	3	2		
	5			8		3	9	
3			4					7

puzzle 245

		2	4	7	8			
		6	2			3		
	1		6		5		9	2
6		1				2	4	8
2				6				9
5	9	3				1		6
1	8		5		6		2	
		5			2	9		
			7	9	1	8		

puzzle 246

3			2	6			7	
	1			8		4		5
		4			3		6	
7			4	9		6		
8	2		1		6		5	4
		1		3	5			7
	4		6			2		
5		2		4			8	
	9			2	8			1

puzzle 247

						9	2	
4		6	9		5			
8		1		4		7	6	
	6		7	8	1		9	
		9	5		2	6		
	5		4	9	6		1	
	8	5		1		2		9
			6		7	1		3
	3	7						

puzzle 248

4			7		6			2
5		9		8		4		3
	8		4		9		5	
2		7				3		8
	1			7			2	
6		8				7		5
	5		1		8		6	
1		4		6		5		9
8			5		7			4

simple

puzzle 249

		8				5		
		4	9		2	1		
6	5		3	8	4		7	2
	6	3				2	9	
		9		4		6		
	8	7				4	1	
3	9		2	1	8		4	5
		5	7		6	8		
		2				3		

puzzle 250

					7		5	
8	7	4			5		6	
		3		4	1	2	8	
4	8	1	5		2			
		9				6		
			3		9	5	4	8
	1	2	7	5		8		
	4		2			7	1	5
	3		1					

puzzle 251

4	9		6	2		8		1
	3			8			4	9
7		1				6		
				9				4
8	1		5		2		6	7
3				7				
		3				4		5
9	6			1			3	
2		8		3	9		1	6

puzzle 252

	5			9			7	
9		4	8		2	1		5
		7			4			6
	7			6			4	
1		9	4		3	8		7
		6			1			2
	4			2			8	
7		3	6		8	2		4
		5			7			9

puzzle 253

		8	5				4	3
		4	7		2			1
6	1	2			9	5		
2	5		1			4	6	
	8	6			4		3	5
		9	2			3	1	7
7			6		3	8		
3	4				7	9		

puzzle 254

	3						2	
4		5	3		1	9		8
	7		5		2		3	
	1	9	4		5	3	8	
				3				
	6	2	9		7	4	1	
	8		7		4		5	
1		6	2		3	8		9
	9						4	

puzzle 255

	3	8				7	5	
4		1		2		3		9
	6			9			8	
	7		3	4	1		9	
		9				5		
	8		9	7	5		1	
	9			5			2	
1		7		8		9		5
	2	6				1	7	

puzzle 256

5				6	8			9
		2	1	5	9	7		
		7				1		
7	3		6		1		9	
2	9						1	3
	4		2		3		7	8
		1				4		
		3	8	7	2	9		
6			4	1				2

puzzle 257

	5	2	3			4	1	
	8			2	7		6	
		7		1		9		
	2		6		4			1
	9	1		5		7	3	
6			1		9		8	
		8		9		6		
	1		2	4			5	
	4	9			8	1	7	

puzzle 258

5				1	3	8		2
	3		5	9		1	7	
7	9							
1			2		9		4	
9	2			5			1	8
	7		3		1			5
							6	7
	5	2		6	7		8	
3		7	9	2				1

puzzle 259

		6	8		3	9		
		5		9		6		
7	9		4		1		8	2
6		1				7		8
	4			2			9	
9		2				4		5
3	1		5		6		4	7
		4		7		8		
		7	2		4	1		

puzzle 260

1			6	4	9			5
	8						9	
7		9		5		3		4
2			8		4			9
3		4				2		8
5			9		2			1
8		2		9		6		7
	4						1	
6			4	7	3			2

puzzle 261

					9			
	6	3	4		7	1	2	
	8		6	2			3	
1	9		2		5	3	4	
		8				2		
	7	2	8		4		6	5
	3			6	2		8	
	4	7	1		3	6	5	
			5					

puzzle 262

						2	5	
8	5	7			2		4	
9			6	7	5		3	
	9	6	5		4	7		
		5				3		
		2	7		3	1	6	
	4		2	5	7			3
	6		3			5	7	9
	7	3						

puzzle 263

2		9	8		3	6		4
7	5		6	4		3	1	
9		7	5		4	2		1
8	2		3	9		7	6	
4		6	1		9	5		8
3	9		7	8		4	2	

puzzle 264

3	1		2		8			
	5				1	2		4
			6	4			5	1
2		7	1					
	9	1	5		3	7	6	
					2	4		8
1	6			3	5			
8		2	9				4	
			8		7		9	6

puzzle 265

			7			3		
	9	5	6	4		1	2	
1	7			5			6	
			2		1		3	6
	4	1	3	9	6	2	7	
2	3		4		5			
	2			6			4	8
	1	4		3	7	5	9	
		9			4			

puzzle 266

6		9		3	7		5	2
2		3						
				1	6		9	7
7		4	6		1			
8		5				1		3
			4		3	6		8
3	8		1	9				
						7		9
9	5		3	7		2		1

puzzle 267

3			1		6			9
		8		9		4		
	9		2		5		6	
9		4		2		5		6
	8		6		3		7	
7		6		1		2		8
	4		5		2		9	
		3		7		1		
2			4		1			3

puzzle 268

	3	8		6			2	
4			2	8	9			5
1		9		7				
	1		4				7	
7	9	4				3	6	2
	8				6		5	
				3		2		6
9			6	1	2			8
	5			4		7	1	

puzzle 269

	2						4	
4		9	6		1	2		3
	6		4		8		9	
	4	2		7		8	6	
			2	6	9			
	7	3		1		9	5	
	5		1		2		8	
8		1	5		6	7		4
	9						1	

puzzle 270

	6		4		9		8	
	9			5			6	
5		1	8		6	9		3
6		7				3		1
	8			2			9	
9		2				6		8
2		6	1		5	4		9
	5			3			1	
	3		9		2		7	

puzzle 271

5		4	8	6				3
		6			2			
		7		5	4	2	9	6
	5	9						8
2		1	6		5	4		7
6						1	5	
4	6	5	9	1		3		
			5			9		
9				7	3	8		5

puzzle 272

8		5				4		7
	9		5	8	1		3	
		3			7	9		
	6	9	4		3		7	
	7						6	
	8		7		2	3	9	
		7	6			5		
	4		1	3	5		8	
1		8				6		3

simple

puzzle 273

	8		1		9		2	
1		9				6		5
	4		6		7		1	
3		6	7		1	8		4
7		8	5		3	1		6
	1		2		4		6	
5		2				3		7
	7		3		5		8	

puzzle 274

	2		6	9	8	5		
	8		3	7		6		1
5		7		4		3		8
						7	6	
			9		7			
	5	8						
2		6		8		9		5
8		3		6	9		4	
		5	4	2	3		8	

puzzle 275

		9			6			8
4			7			3		
1	6		8	2		7	9	
		5			7			3
9			5			6		
6	3		9	8		5	7	
		1			8			5
3			2			8		
7	5		3	1		2	6	

puzzle 276

	3		6		1		8	
2		8				4		6
	6		8	2	5		9	
	7	9				6	2	
	8		4		9		5	
	1	4				8	7	
	2		7	8	6		4	
8		6				7		1
	9		3		4		6	

puzzle 277

	3	5	9	4			2	
8		4						6
			8	7			9	5
			4		7	9		2
9		7				3		1
5		6	1		9			
2	7			8	1			
3						2		9
	6			9	2	5	1	

puzzle 278

		6		2	5	4	1	
7					6	2		
3	2				1			5
5	7	9	2		4			
6								4
			8		7	9	5	2
9			6				4	1
		8	3					7
	4	5	1	7		6		

puzzle 279

7			1		6			4
		5				2		
	4	9	3		8	5	7	
3		7		6		1		8
			8	3	5			
4		8		7		6		2
	1	3	6		4	8	2	
		6				4		
9			2		7			5

puzzle 280

4	8	3	1		6	7	2	5
			4		8			
		1				9		
		2	7		4	6		
7			5	2	1			3
		8	9		3	4		
		6				1		
			8		9			
1	7	9	6		2	5	3	8

simple

puzzle 281

7		6	8		1	5		9
	4			2			8	
8					6			7
5		8	7		4			2
	1			9			4	
6			2		5	1		8
3			1					4
	5			8			7	
4		7	5		2	9		1

puzzle 282

			2		3			
		6		1		9		
	1	9	8		7	2	5	
1		8		7		3		6
	2		1		8		9	
5		3		4		8		2
	6	7	9		4	1	3	
		2		5		4		
			3		6			

puzzle 283

	7						9	
4	9		1	3	8		5	7
		5	2		9	4		
	2	9		8		3	4	
	3		4		5		6	
	4	6		1		7	2	
		7	8		4	9		
1	8		3	9	2		7	6
	5						8	

puzzle 284

7			9			5		
	8	3		4	1		7	6
	9			7			1	
8			3			4		
	3	2		9	4		8	5
	7			5			9	
9			7			3		
	6	4		3	9		2	7
	1			8			5	

puzzle 285

	7	6		8	4		3	1
	9			3			8	
1			7			6		
	3	8		7	6		5	4
	2			9			1	
6			8			9		
	6	9		5	8		2	7
	1			6			9	
5			2			3		

puzzle 286

		2	6		3	8		
		3	2		1	6		
6	8						4	2
1	3			2			8	6
			9	3	8			
8	4			1			3	7
2	9						1	3
		8	1		4	5		
		4	3		2	7		

puzzle 287

4				9	6	1		8
			4	8			6	
		6	1		2			9
	9	1				2		4
3	2			6			9	1
5		4				6	7	
2			6		8	5		
	4			2	1			
1		8	3	7				2

puzzle 288

2	1	9		8	6			7
					5			8
			4	9				6
6	4		2		1	9		
7		3				1		4
		1	7		3		6	5
1				3	9			
8			6					
5			8	7		4	3	1

puzzle 289

	2	7	8			1		
	4			6	9		3	2
1					5			4
	8	3	4		6			1
	6						2	
2			9		7	6	8	
3			5					6
5	9		7	3			1	
		8			2	3	7	

puzzle 290

2			3		1			7
		5				1		
	4		6		8		2	
1	6		8		5		3	2
5		8				6		9
7	9		2		6		5	4
	3		5		7		6	
		7				9		
4			9		3			8

puzzle 291

	2			5			8	
4			9		8			6
		6	4		1	2		
	5	2		4		8	1	
8			2		5			3
	1	4		7		5	6	
		1	5		2	4		
6			1		3			5
	9			8			3	

puzzle 292

	5		4		7		6	
9	6		8		5		7	3
				2				
6	9			5			3	7
		7	6		9	8		
4	2			7			1	6
				6				
2	3		7		4		9	5
	8		2		3		4	

puzzle 293

5			2	8	6			4
	8						1	
		2	5		7	9		
8		1		9		4		6
4			1		5			3
2		3		4		5		1
		5	8		9	1		
	7						8	
1			4	7	3			9

puzzle 294

3		8				1		4
	5		4		1		3	
2			7		6			9
	8	4		6		7	2	
			3		8			
	7	3		1		6	9	
6			8		9			2
	9		6		3		1	
8		2				9		5

puzzle 295

6		1			5			3
	7		6	3		8	9	
	8				4			5
4		7		5			2	
	3		1		7		8	
	5			6		3		7
8			4				6	
	6	4		1	2		3	
3			8			4		2

puzzle 296

7		6				1		8
			6	8	1			
9			7		5			2
	9	1	2		6	7	8	
	5						1	
	8	7	3		9	5	6	
1			9		4			6
			1	7	3			
3		2				9		1

puzzle 297

	2	1	5	4				
	3	5	7				4	1
		9	3			8	6	5
						6	7	4
4				3				2
9	6	7						
1	8	4			6	3		
3	7				1	4	8	
				8	3	1	2	

puzzle 298

1	4						5	2
			8	5	1			
	5		9		4		8	
	2	9	1		5	7	3	
	6						4	
	8	3	4		6	2	1	
	1		5		9		2	
			3	6	2			
2	9						6	5

puzzle 299

9		4				5		7
	1	6	4		8	9	3	
			2		9			
	9	3		1		8	5	
			9		5			
	8	5		4		2	9	
			1		7			
	4	8	5		3	7	2	
6		2				3		5

puzzle 300

	5	7		9		6	4	
1			5		6			9
6			8		4			1
	6	1				7	2	
9				4				6
	8	3				9	5	
2			4		5			7
5			9		1			3
	9	8		6		4	1	

puzzle 301

	8		5		3		4	
3			7		2			1
		5	9		6	3		
5	3	1				2	6	8
				2				
9	2	8				5	7	4
		7	1		8	9		
2			3		4			5
	9		2		7		1	

puzzle 302

	3		5		7		1	
5		7				9		3
	2		6		3		4	
1		8		6		5		2
			1	5	2			
3		2		7		4		1
	4		7		1		5	
7		5				8		4
	8		9		5		3	

puzzle 303

4	5		1		9	7		8
		6	4					3
2				6			1	
3				9			2	7
		9	7		2	5		
6	2			3				4
	3			1				5
7					8	9		
5		4	2		6		8	1

puzzle 304

3			9		2			5
	2	6	8		7	4	3	
	8						6	
8	9			2			1	7
			1		4			
1	7			8			4	3
	5						9	
	1	9	5		3	7	8	
4			7		6			2

puzzle 305

	8		5	2	3		6	
7		3				5		8
	9			8			3	
6			4		8			9
3		1				6		5
8			1		5			3
	3			9			5	
4		6				8		2
	5		8	4	2		1	

puzzle 306

	6	3			7			8
1		8		6				
4	2			1	9			
				8	2	1		5
	4	9	6		1	2	3	
2		1	4	7				
			7	9			5	2
				2		3		6
6			5			4	7	

puzzle 307

	2	5				3	9	
			9		7			
	7		1		2		5	
2		7	3		5	9		6
		8	6		1	5		
6		3	2		8	4		1
	3		5		4		2	
			8		3			
	4	2				8	6	

puzzle 308

	1		5	8	4			
4						1		
			1	7	6		8	
1		4		5		2		6
9		5	6	2	3	8		1
3		2		4		7		5
	3		7	6	8			
		6						8
			2	3	5		7	

puzzle 309

	2	1	8			4		
					5			1
7		5	4		6	9		3
	4	2	9		1	8		5
6		8	5		3	2	1	
2		4	3		8	1		9
8			7					
		3			9	6	4	

puzzle 310

4			5	2	1			7
		2	7		8	3		
	6						2	
5	2		6		3		7	8
6				4				3
3	8		2		9		6	1
	4						3	
		7	3		6	9		
9			4	5	7			2

puzzle 311

	3	9	7			2	1	
7		8				4		9
	4	6			5	3	7	
		5	9		4			3
2			8		3	7		
	5	3	1			8	6	
9		2				5		1
	6	1			7	9	4	

puzzle 312

2	4				3			
7		1	8		4		5	
	8		6		5	2		
	5	9			7	4	8	6
8	7	4	5			3	9	
		7	3		1		2	
	3		7		2	5		9
			4				3	8

simple

puzzle 313

1		4				6		7
		9	8		1	2		
2			3		4			1
	6	2	5		8	7	4	
	1	7	2		3	9	5	
3			1		6			8
		8	4		9	1		
6		1				3		9

puzzle 314

		8			9			2
	3			2			6	
2		5	1		6	8		9
		1			2			3
	2			5			1	
6		7	3		4	9		5
		6			1			4
	4			6			9	
7		9	5		8	2		6

puzzle 315

9		7	1				8	
	1				8	2	7	3
8					7		4	
7			5	3		9	6	
			8		1			
	8	5		2	6			1
	5		7					4
6	7	9	4				2	
	4				5	3		7

puzzle 316

9		4	7		2	8		3
	8	1		4	9		5	6
1		3	9		7	6		2
	9	2		3	1		8	5
5		6	1		8	3		4
	7	8		6	4		2	9

puzzle 317

	2	6		9		5	8	
9			3		8			6
8			2		6			9
	8	9				1	3	
7				1				2
	1	2				4	9	
2			5		9			1
1			8		4			3
	9	7		3		2	5	

puzzle 318

6			1		9			3
		4				8		
	1	9	4		8	7	6	
1		8	9		5	4		7
4		3	8		7	1		6
	3	7	5		4	6	2	
		2				5		
5			2		6			9

puzzle 319

		5			3			4
		1			5			6
3	7		4	1		8	5	
		6			2			3
		7			8			5
8	3		7	5		4	6	
		4			1			8
		3			7			9
6	1		9	3		5	2	

puzzle 320

2				7	5		6	4
3	7			9			5	
		5	6			3		
6			8		3	5		
1	4			5			3	7
		3	7		4			2
		2			7	8		
	3			2			1	5
7	1		5	3				6

easy

puzzle 321

		9	5	3		1		
8			1	9				3
1	3		6				4	8
						6	8	4
6	8			7			9	5
9	2	4						
4	1				5		3	6
7				4	1			2
		8		6	2	4		

puzzle 322

			8	3	5	6		
	4		6		2		8	
8				9				
9	5			4			6	7
1		7	5		6	2		4
4	2			7			1	8
				2				1
	7		4		9		3	
		5	1	6	8			

puzzle 323

			2			8		
		7	4			6		
6	1	4	7	8		9	5	
						4	6	7
		3				2		
7	8	9						
	3	6		7	4	5	9	8
		8			6	3		
		1			5			

puzzle 324

			2	6		4		
	1					2	5	
8	7		4		3			
		9	5		4	6		7
1								9
6		5	1		7	3		
			8		5		3	6
	3	1					9	
		8		2	9			

puzzle 325

	8		1		7		5	
9		1				2		7
	2			3			6	
2			8		9			1
		3				7		
7			2		3			9
	7			8			9	
5		8				6		3
	3		4		1		7	

puzzle 326

6		2			9			7
	4			1			2	
		8	7		5	4		6
3		5				2		
	2						8	
		9				6		1
7		1	4		2	8		
	9			7			6	
8			5			1		2

puzzle 327

		4	1			7	2	
		8					4	3
3	7			2	9			1
5				6		4		
		2	5		4	1		
		3		1				6
4			2	9			7	8
8	9					3		
	5	1			7	6		

puzzle 328

8	5	1			6			7
			9		8	6		3
	9				4			1
5	6	4					7	
	3					1	2	5
1			4				9	
6		3	7		2			
2			8			7	3	6

puzzle 329

			3		6			
7		9		4		1		3
8	6						2	4
6			5		3			2
	1						8	
9			1		4			6
2	4						3	1
1		5		3		6		8
			8		9			

puzzle 330

	2		6		7		4	
9		5			8			2
		1			2	9	7	
8	3	7						9
4						2	1	3
	8	3	2			5		
1			8			7		6
	6		5		1		8	

puzzle 331

		1		8		5		
	8		1		2		4	
2				7				3
	6			5			9	
9		2	3		7	6		1
	3			2			7	
5				6				8
	4		5		9		6	
		9		3		1		

puzzle 332

9			2		5	4		7
		6	4			5		
1	4			9			2	
6							4	5
		7				9		
4	9							3
	8			4			7	6
		1			9	8		
2		4	8		7			1

puzzle 333

3		9				5		8
4	2				6		9	1
			5		2			
	9	2		4		8		
			2		5			
		7		8		3	6	
			4		1			
9	1		3				7	5
8		3				6		4

puzzle 334

1	7				3			6
	8			2	4		3	5
		3	6			9		
9	4					1		
	1						6	
		6					7	2
		7			8	5		
4	3		5	9			8	
8			7				4	3

puzzle 335

6		7			5			1
	3	9		1			5	
				3	6		8	4
7		8						
	2	6				8	1	
						7		3
5	8		6	9				
	6			2		3	7	
1			8			5		6

puzzle 336

6			8		3			4
		8	7		9	5		
	9						6	
5	8		6		7		2	9
3	7		5		1		4	8
	2						3	
		6	9		8	1		
7			4		6			2

puzzle 337

9			3		5			6
			8		7			
		3		9		7		
8	1			7			5	4
		4	2		1	9		
5	9			3			1	7
		8		1		6		
			7		4			
4			6		9			1

puzzle 338

	2	3				4	9	
5			9		2			3
4				8				7
	7		1		8		2	
		5				7		
	9		3		5		6	
2				5				8
9			6		7			2
	5	1				3	4	

puzzle 339

	7		5	4		6		
		6	7					5
1		5				7	3	
			1		7		6	2
3								1
6	1		3		9			
	6	8				5		3
7					2	4		
		4		1	3		8	

puzzle 340

			8		6	9		
	9	6	4	5			2	
1			9				3	
8						1	4	5
	3						6	
2	7	5						8
	8				5			6
	1			6	8	4	7	
		4	1		7			

puzzle 341

				3	7		2	
3	1	4				7	9	
	8			6			5	
4			3		2			
1		5				4		2
			4		5			9
	9			4			1	
	3	7				5	4	8
	4		8	5				

puzzle 342

4					7	3		6
	3				9	7	4	
6	1			4	5			
1	5	6						
		3				4		
						5	6	8
			6	3			5	4
	8	4	5				2	
5		2	9					7

puzzle 343

3		8		9			6	
	9	4	8	3	1	5		
			6				3	
				7	9			3
			5		8			
1			3	6				
	4				7			
		5	1	8	6	2	7	
	6			4		9		8

puzzle 344

8			4		2			5
6		7	8		3	1		2
2	4		9		7		1	6
1	5		6		8		7	4
4		6	3		5	7		9
3			2		1			8

puzzle 345

			5	1	8		6	
					4	5	8	9
		8					1	
8				9			2	6
5			4		7			8
3	4			6				7
	8					3		
2	7	9	1					
	3		9	4	6			

puzzle 346

		1	7			6		
			3			2		
7	9	8	6		1	4		5
		7				1	8	3
			5		3			
2	1	3				9		
8		2	1		5	3	7	4
		9			7			
		4			6	5		

puzzle 347

6					2	3		4
	7		1	9			8	
3				6				
4			2		8		6	
	8	5				2	1	
	6		9		1			8
				4				3
	2			1	6		4	
8		3	7					1

puzzle 348

3								8
2		1		6		7		9
		6	7		5	2		
		3	1		9	5		
	2						9	
		5	6		2	3		
		2	3		8	6		
6		4		7		9		5
7								2

puzzle 349

	2	7	4			5		
			3		6	1		4
1	4				9			7
	1	5					3	9
3	8					7	4	
4			1				8	6
5		6	8		7			
		1			2	3	7	

puzzle 350

5								6
		2	7		8	3		
	4		6		3		7	
	3	4	5		9	7	8	
	9	6	1		7	5	2	
	6		8		2		5	
		9	3		5	4		
4								3

puzzle 351

	8	7				5	2	
3								4
5			2	9	8			7
		9	1		7	4		
		1				3		
		3	4		2	9		
6			5	4	3			1
7								3
	3	4				2	8	

puzzle 352

	2				3			
	4		9		5	2	6	7
	5	7				1		
4	9			8			1	
			3		9			
	3			2			5	8
		9				3	4	
1	6	5	7		4		9	
			1				7	

puzzle 353

3			7	1	5			8
	2		6		9		4	
7		1	8		4	3		2
4								9
2		9	1		3	5		4
	8		3		7		2	
6			2	5	8			1

puzzle 354

	8			6			3	
2	6			1	3		7	9
		7	9			2		
	5					7		
1	9		2	3	7		6	5
		3					8	
		6			1	3		
3	1		5	7			9	8
	4			2			5	

puzzle 355

		2		7			5	
3	8			4			6	
		7	3		8	1		4
		9				5		
5	7						8	3
		8				2		
9		6	5		1	4		
	4			2			1	5
	5			6		8		

puzzle 356

7			9		6	3		1
			7			6		
6	3	2	5			4		
5						1	4	9
2	8	7						6
		8			7	2	6	3
		1			2			
9		6	8		3			4

puzzle 357

5	1		6			9	2	8
2				3				1
6				1	8			
		6						3
	7	9				2	4	
3						1		
			5	2				6
8				7				9
7	6	4			9		3	2

puzzle 358

	9		6	4	5		3	
6		2				7		1
	5						9	
4			5		2			9
5								7
2			8		6			5
	2						7	
9		8				1		4
	6		4	1	7		2	

puzzle 359

	1		2		8		9	
		3		7		2		
		2	1		6	8		
5		7				6		8
	3						5	
2		1				4		3
		9	7		4	1		
		6		8		7		
	4		3		1		2	

puzzle 360

					7	4		
	5	8	6	2			3	
9		4				7	5	
5			4		3		8	
	4						2	
	1		2		8			4
	7	3				6		5
	2			3	6	8	4	
		5	7					

easy

puzzle 361

		5				4		
	6	7	3	8	1	5	2	
		9				1		
	1			2			7	
	3		9		8		5	
	9			4			1	
		1				7		
	4	3	7	5	9	2	8	
		2				3		

puzzle 362

3		2	4		9	5		1
			8			7		
4	1				3			2
7		3					5	9
2	8					1		6
1			9				6	7
		7			4			
5		9	6		2	4		8

puzzle 363

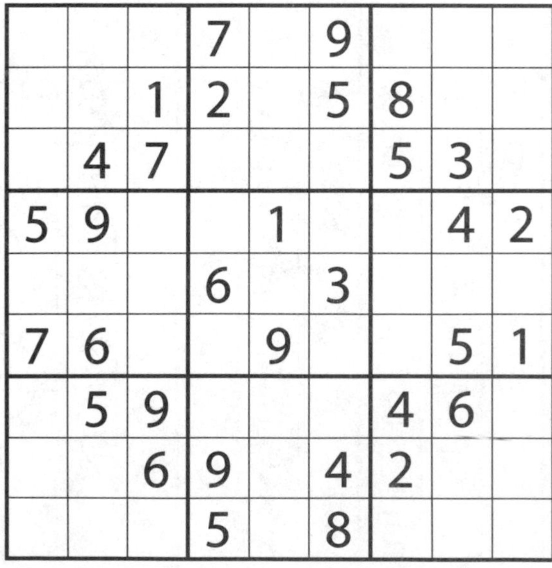

			7		9			
		1	2		5	8		
	4	7				5	3	
5	9			1			4	2
			6		3			
7	6			9			5	1
	5	9				4	6	
		6	9		4	2		
			5		8			

puzzle 364

		5		6			8	
7	8			1			5	
		2	8		5	1		9
		8				6		
6	2						3	5
		4				9		
5		6	3		9	4		
	9			4			6	8
	4			5		3		

puzzle 365

	6		3		2		7	
2		3				6		4
	5		6		4		9	
3		1				7		2
6		7				5		8
	2		5		1		3	
1		6				4		5
	7		4		3		2	

puzzle 366

	5	3	6		1		8	
8				2	7			3
								5
9	7		4		5			2
	6						3	
3			9		8		5	7
6								
7			1	9				4
	8		2		3	5	9	

puzzle 367

					2	4	1	
6	4		1	5			3	
9			7					
1			3		5	8	9	
	5						7	
	9	8	4		6			3
					4			6
	8			3	7		2	9
	6	7	2					

puzzle 368

	1	6				4	2	
7				2				6
9			6		5			7
		9	4		3	5		
	5						4	
		2	9		1	7		
5			2		6			3
6				1				4
	3	7				8	6	

easy

puzzle 369

	8						4	
2			9		3			6
			5	4	1			
	3	4		1		5	8	
		9	7		8	2		
	7	2		3		9	6	
			3	5	2			
7			1		6			3
	2						1	

puzzle 370

	6	8		3			1	
5	1			7	4		9	3
					5			2
	9	5						
1	4						3	5
						4	6	
6			3					
4	5		6	8			2	7
	2			9		3	5	

puzzle 371

4	7	8			1			9
		9			2			7
				5	7		8	3
6	2	1						
		4				9		
						7	6	8
8	3		4	7				
9			1			5		
1			3			8	7	6

puzzle 372

		6	8			3		
			3			1		
5	9	3	1		4	7		6
		9				6	7	8
8	6	7				2		
7		2	4		6	9	3	5
		5			2			
		8			9	4		

puzzle 373

			5	8	2	4	7	
2	8		7				5	
1			4					
7						2	1	6
3								8
9	1	8						7
					6			5
	7				4		3	9
	2	3	8	9	1			

puzzle 374

	1	7	6			3		
	6			9	5		7	1
2					1			4
	5	4						3
	2		7		6		4	
1						9	2	
6			1					5
8	7		9	5			3	
		9			4	7	1	

puzzle 375

9		1				6		
				8	4		1	
2				9	1			7
				5		3	6	
	2	6	7		9	5	8	
	3	9		4				
8			9	6				1
	9		3	1				
		5				8		3

puzzle 376

3				8				2
		2	6		3	8		
			4		5			
	8	7		3		4	2	
6			7		8			1
	3	9		6		5	8	
			5		1			
		1	8		2	9		
2				7				4

puzzle 377

						6	7	
6		2	7		9	3		
5	7		3				2	
	6			3		9	5	
			8		1			
	5	8		6			4	
	4				8		1	3
		6	5		4	8		7
	9	1						

puzzle 378

1		8				9		6
			2		1			
3			6		9			7
	4	1		2		3	7	
			9		7			
	6	9		5		2	8	
9			5		3			2
			1		8			
6		5				4		3

puzzle 379

	9						4	
4		7	2		9	3		1
	5		4		6		2	
	8	2				9	1	
				1				
	3	9				5	6	
	7		5		1		9	
8		3	6		2	4		7
	2						3	

puzzle 380

		7	3			8		
		6	1			9		
1	2			7	8		5	6
		2					3	1
		9		8		4		
3	4					7		
5	7		2	3			6	9
		1			7	5		
		3			6	2		

puzzle 381

	3			4			5	
2			7		3			9
			1	9	8			
	7	5				9	2	
6		2				4		5
	4	1				3	6	
			2	7	4			
4			5		9			6
	5			1			7	

puzzle 382

	4	6		2			1	
5					9			3
		1	4		3	7		8
	7	2				6		
8				7				2
		5				1	3	
9		3	8		7	5		
6			5					1
	5			3		8	9	

puzzle 383

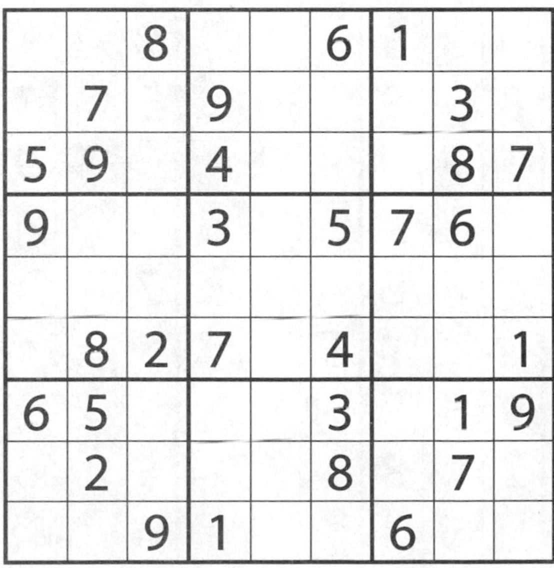

		8			6	1		
	7		9				3	
5	9		4				8	7
9			3		5	7	6	
	8	2	7		4			1
6	5				3		1	9
	2				8		7	
		9	1			6		

puzzle 384

	6	2	7			8		
	8			2	6		3	9
9					1			4
	4	8						2
	3			5			4	
7						6	8	
5			4					8
6	2		8	3			7	
		3			2	4	5	

easy

puzzle 385

7	3	1			4			5
					5			2
		8	3		9	6		4
8	4	2				9		
			2	3	6			
		3				1	2	7
3		9	4		2	7		
2			7					
1			8			2	6	9

puzzle 386

3		5		4	2		7	9
4		8						
				8	9		5	3
1		2						
6		3				2		5
						1		8
5	6		4	2				
						5		2
2	4		8	7		3		6

puzzle 387

3	6						4	7
		8	9		7	5		
		2	8			1		
	9		5		4	7	8	
				1				
	2	3	7		9		1	
		4			3	9		
		7	2		1	3		
9	3						6	8

puzzle 388

	3	5				8	2	
8		9				1		3
1	7			8			5	9
			9		6			
		6				7		
			5		7			
9	5			4			7	2
2		8				5		6
	6	3				4	1	

puzzle 389

	7	3	2		5	1	4	
				8				
		8	1		9	2		
		2				5		
5	8		6		4		1	3
		1				6		
		4	3		2	8		
				7				
	6	9	8		1	7	3	

puzzle 390

	1	8				6	4	
			7		1			
2		3		8		7		5
	8		2		9		7	
		4				2		
	6		8		7		9	
8		1		6		5		7
			4		2			
	2	9				1	3	

puzzle 391

6	3			2				7
		5			6			8
		4		9		6	3	
	9		6		3			
1		7				3		9
			1		9		6	
	8	2		1		4		
4			7			2		
9				4			5	1

puzzle 392

	9	6	7		4	3	5	
		8				4		
			6		3			
7		9	8		5	6		3
3		1	9		6	7		2
			2		7			
		2				5		
	8	7	4		9	2	6	

puzzle 393

7			3		8			4
	6			7			5	
	2		6		1		3	
9		4				3		2
	5						4	
1		6				5		9
	7		5		3		1	
	4			8			9	
6			7		4			3

puzzle 394

4	6							
3			9		4		6	
			3	2	6			
	1	4	8	6		3	9	
		8	4		3	2		
	9	3		7	1	8	4	
			1	3	2			
	8		7		9			2
							7	5

puzzle 395

9			3					7
		1			8	2		
	5			4	1		8	
	1	9	5		7			6
		5				3		
8			1		4	5	7	
	2		7	9			3	
		6	2			7		
7					5			1

puzzle 396

		6	2	4		7	9	
5								
3		9	1		6	4		2
		8				2		7
4								6
2		3				1		
7		5	9		2	3		8
								4
	9	1		7	3	6		

puzzle 397

	8						3	
3		6		4		5		1
	9	4			5	6	7	
		7	8	5	2			
	3						5	
			6	3	1	8		
	4	5	1			2	9	
1		3		7		4		5
	2						1	

puzzle 398

5			1		3			8
		3				4		
	8		9		7		5	
4		9		8		3		6
			2	9	4			
1		8		7		9		4
	3		4		5		9	
		5				1		
9			7		2			5

puzzle 399

					7			
3	5	6			8	9	7	1
2		7		3		6		4
7	3							
		4	8		9	1		
							6	9
6		5		9		2		7
4	7	1	3			5	9	8
			7					

puzzle 400

	6		3		7		4	
4		5				3		7
	8		4		2		9	
9		4				2		5
				7				
8		2				4		6
	9		1		8		2	
6		1				7		9
	3		7		6		5	

puzzle 401

		5	6			1		
	3			5			9	
8		6	1		3	4		7
		7				5		9
	4						2	
1		8				6		
7		4	2		5	9		3
	6			9			4	
		3			1	2		

puzzle 402

	4	3			6	8	5	
	1	9				7	2	
			7		1			
9		1	2		7	4		
				6				
		5	3		9	6		7
			5		2			
	2	7				1	3	
	9	6	8			2	7	

puzzle 403

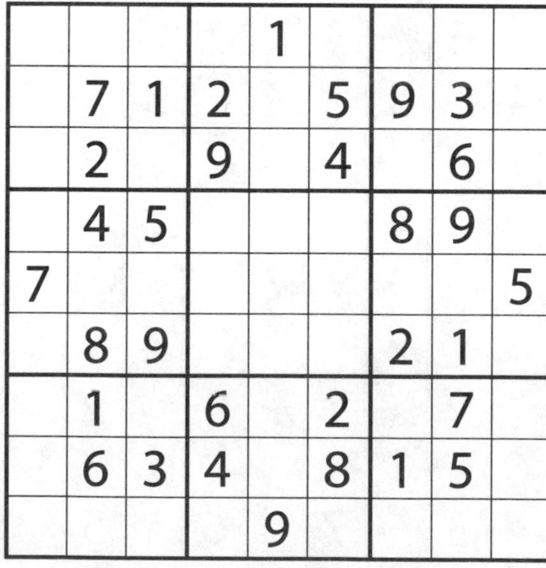

				1				
	7	1	2		5	9	3	
	2		9		4		6	
	4	5				8	9	
7								5
	8	9				2	1	
	1		6		2		7	
	6	3	4		8	1	5	
				9				

puzzle 404

			2		6			
		9		7		6		
	8		3		9		4	
6		5		2		9		1
	9		5		1		3	
4		2		9		7		5
	2		9		5		1	
		8		3		5		
			6		4			

puzzle 405

3			6		9			4
	7	5				3	1	
	9	4				8	6	
1			9		5			8
9			3		4			2
	3	6				2	8	
	5	2				4	9	
4			5		8			3

puzzle 406

	3		2		6		5	
	9	5				4	6	
			9		4			
	6	3		4		1	8	
			5		1			
	4	1		3		2	7	
			1		3			
	1	7				8	2	
	2		6		8		9	

puzzle 407

	9		6		7		1	
6	8		5		3		9	4
				1				
5	6						2	7
		9				3		
1	3						4	6
				5				
3	7		4		1		5	9
	4		9		6		3	

puzzle 408

5			1	4	9			3
	8			2			5	
		9				6		
3			9		4			1
6	1						4	5
9			2		5			8
		4				5		
	7			9			2	
1			7	5	2			4

easy

puzzle 409

		3				9		
	2		1				5	
	1	6	2	5		8	3	
			3		5	6	7	
		5		4		2		
	9	7	8		6			
	7	9		6	8	3	4	
	6				7		8	
		8				5		

puzzle 410

	2			1			4	
		7	2		8	5		
	1	9				6	2	
	7		3		2		6	
1				4				2
	6		1		9		7	
	5	4				9	8	
		6	4		3	2		
	9			6			3	

puzzle 411

2			8		4		9	5
9		7				4		
	4		9		7		6	
6		2		5		8		4
3		4		7		1		9
	2		4		1		8	
		1				3		2
4	7		3		2			6

puzzle 412

4	5	9			6			7
					1			3
		7	5		8	6		2
3	9	1		8		2		
		4		2		7	1	9
9		8	6		3	4		
6			4					
7			8			9	6	5

puzzle 413

4				5		6		3
	9	3		4	1		5	
7				8			9	
	5							
9	3	4				2	7	1
							3	
	7			2				4
	4		6	9		3	8	
3		6		1				7

puzzle 414

		4	1			2		
		3	2			5		
2	9			5	8		4	6
		2					8	5
		5		8		9		
7	4					6		
5	2		7	1			9	4
		1			4	3		
		9			2	7		

puzzle 415

7				2	1		5	6
2		6	9			7		
	1			4			9	
3							2	
8		2				5		9
	9							8
	8			7			1	
		4			8	2		5
9	2		6	1				4

puzzle 416

					9			
	6	2			7	3	8	
	5	1			2	4	9	
1	2	3	9		5			
				6				
			7		4	1	5	3
	8	4	1			9	3	
	3	7	5			6	4	
			2					

puzzle 417

	6	8				7	4	
3				7				8
2			8		6			3
		9	5		2	3		
	3			1			9	
		6	9		4	8		
6			7		9			2
1				6				4
	8	5				6	3	

puzzle 418

2	7	6			1			5
					2			1
		1	7		3	8		4
5	1	4				9		
		8				5	1	3
3		2	6		4	1		
8			2					
1			5			2	6	9

puzzle 419

			6		7			
	6		8		2		3	
		3	5		4	2		
6	3	1				8	4	7
2	5	4				9	6	3
		5	7		1	4		
	1		2		3		9	
			4		9			

puzzle 420

3			7		4			9
		7				4		
1			3	8	6			2
5		6				8		7
		1				9		
9		8				3		1
2			8	6	9			4
		3				6		
7			1		5			8

puzzle 421

	3		1	8		2	7	
8			6		5	4		9
4	7							
	6						8	2
1				9				3
2	5						6	
							2	7
7		2	3		1			5
	9	3		2	8		1	

puzzle 422

7		3	1		6	2		5
				5				
4			8		7			9
6		8				3		7
	3			1			4	
9		5				6		1
1			4		2			3
				8				
5		2	3		9	8		4

puzzle 423

		1	5			9		
		6	2		3			
7					8		1	5
	9	2		3			4	8
			8		9			
6	1			7		5	3	
8	2		3					1
			7		1	8		
		9			5	3		

puzzle 424

	9		4		8		7	
8			2	9	6			1
3	6			7			2	4
	7		8		2		3	
2	5			6			9	8
7			3	1	4			6
	1		6		5		4	

easy

puzzle 425

	5		6				3	
		3		5		8		
1	2			4			7	6
			7		5			9
	4	2				1	5	
5			4		3			
6	7			3			4	2
		9		7		3		
	8				2		1	

puzzle 426

6			1		8			7
		4				3		
	5		2		4		8	
8		2		7		5		1
			8	4	1			
3		9		5		8		4
	7		3		9		2	
		1				9		
2			4		5			3

puzzle 427

2		8		4		3		1
			1		6			
1		9		2		6		5
	7						5	
3		4				1		9
	2						4	
8		3		9		4		7
			5		4			
4		7		1		5		6

puzzle 428

9				8				7
	1		9				5	
4		2		5		9		8
			2		5		3	
3		1				5		6
	7		6		3			
7		5		2		6		3
	8				6		7	
2				9				4

puzzle 429

		4	1	2		9	8	
3	2			5			7	
9					4			2
		3						6
2	1						4	3
8						7		
6			2					9
	4			8			5	7
	7	2		4	1	3		

puzzle 430

4					7			8
	8			2	4	6	1	
	9		3		8			
1	4	6				3		
	2						8	
		5				2	9	4
			2		6		3	
	6	4	5	3			7	
2			4					1

puzzle 431

8			3	7				5
		7			6	1		
	4				1		6	
	6	5	9		8			3
1				3				2
7			5		2	8	9	
	8		7				1	
		9	1			3		
3				8	5			4

puzzle 432

4		5				6		2
				6				
9			2	1	4			7
		7	5		6	1		
	3	9				4	8	
		4	3		9	2		
8			9	5	1			3
				2				
5		6				8		1

easy

puzzle 433

3				8	1			6
		8	4		2	3		
	1						8	
4	2		8		3		5	
7				6				4
	6		2		4		1	3
	8						6	
		3	7		6	4		
9			5	2				7

puzzle 434

4		7		9		6		1
	3		1		8		7	
5								2
	6		2		4		5	
7								6
	4		6		1		3	
6								5
	7		9		5		4	
3		8		1		2		9

puzzle 435

8			3		4	1		5
			1			8		
7	1	9	6			2		
1						4	3	2
4	5	3						1
		5			1	6	8	9
		6			9			
9		1	8		5			4

puzzle 436

	6		3		5		1	
7	1						3	9
		5	1		9	2		
6		9				8		2
8		7				6		1
		3	9		8	4		
1	4						9	5
	9		5		3		8	

puzzle 437

			6		8			
		9		7		8		
	7			3			2	
7			5	6	2			3
	3	6	1		7	2	4	
8			3	4	9			5
	5			1			9	
		7		5		6		
			9		4			

puzzle 438

	3		9					4
5		8			2		3	
	6		7	8	3			
4		7				5	8	
		6		5		4		
	2	5				3		6
			4	9	7		1	
	7		5			9		3
2					8		5	

puzzle 439

	7		3	2		6	8	
1		6			4			2
4				8			1	
	6							9
7		8				4		1
2							7	
	1			4				7
6			8			9		3
	2	4		7	9		5	

puzzle 440

	3		4			7		
			7		9	2		6
9	8	7	2			4		
	9					3	1	4
				1				
1	5	2					9	
		3			4	8	6	7
6		9	8		2			
		1			3		2	

puzzle 441

			3		6			
	4			5			8	
	3	1	2		8	4	5	
4		2				5		8
	6						9	
3		9				7		1
	7	5	4		9	8	2	
	8			6			4	
			7		3			

puzzle 442

			3					
	5	6				9	2	
	1	4	6		9	3	5	
		8		7		5		6
			1		2			
9		3		5		4		
	3	2	5		8	6	9	
	6	1				2	8	
					3			

puzzle 443

5	2				7			6
		9	4		8	2		1
	1			9			4	
4	5						8	
		3		1		9		
	6						3	5
	4			7			6	
2		8	3		1	4		
3			8				1	2

puzzle 444

7								2
	5	6	2		3	8	4	
	9	3				1	7	
	6			3			9	
			8		7			
	2			1			6	
	1	8				2	5	
	7	2	5		6	4	1	
4								6

easy

puzzle 445

		7	6		2		1	
3								
		4		9	8	3		5
6		8	1		5			4
		1				7		
7			4		9	1		2
4		3	2	5		8		
								3
	9		3		1	5		

puzzle 446

	8				2		5	
			9					
9		2	1	3		6		8
2			5		3	9	7	
		5				8		
	6	3	2		8			4
5		9		1	6	2		3
					9			
	7		3				9	

puzzle 447

4	5		2		7		3	8
1	6						2	4
			9		6			
7		5				3		2
				2				
6		2				1		9
			4		2			
2	3						9	6
8	9		6		3		4	7

puzzle 448

	8	7		6		2	1	
				1				
9			3	2	5			6
		8				9		
3	2	5				4	6	7
		6				3		
4			1	7	8			2
				4				
	7	2		9		1	5	

puzzle 449

1			2		4	8		3
			1			6		
6	2	7	5			9		
9						4	3	6
4	3	1						7
		2			3	1	6	8
		6			2			
5		3	9		6			2

puzzle 450

1			3		2			9
		2		5		7		
	7		8		4		3	
7		5				1		3
	1			3			2	
9		3				6		7
	9		5		1		6	
		1		9		5		
6			2		7			1

puzzle 451

	3	1	5	4			6	
5					1			2
7			2	9				
4		7					9	
3		9				5		8
	6					3		1
				8	9			7
6			1					3
	2			7	5	8	1	

puzzle 452

		4				2		
	5	2				8	6	
6	1		4		2		3	5
		9		8		5		
			5	1	6			
		7		3		6		
9	8		6		3		5	7
	7	6				3	8	
		5				1		

puzzle 453

	4		6		2		9	
7		9	5		8	3		4
	5						1	
4	2						3	1
				8				
3	8						6	5
	9						5	
5		1	8		9	6		3
	3		7		6		8	

puzzle 454

		3	1		8	7		
			6		4			
6		1				4		2
1	2			5			9	3
			2	9	1			
8	7			4			2	1
4		6				2		5
			4		2			
		7	5		9	1		

puzzle 455

	6			2			3	
2		9	5		4	8		6
	7			8			4	
	5						8	
6		3				4		7
	4						2	
	9			7			6	
7		4	6		8	9		3
	3			4			1	

puzzle 456

			3	1		8		2
		8	9		5			
	6		7			3		9
8	4	2					9	
6								3
	5					7	8	6
3		6			2		1	
			4		6	9		
4		5		7	3			

puzzle 457

	1		4		2		5	
7			8		9			6
		2				4		
9	2		7		5		3	4
8	5		1		6		9	2
		6				2		
2			3		1			8
	4		2		8		6	

puzzle 458

	5			8			1	
8			1		6	5		7
	4	6	5			9		
	2					1	9	
4				9				6
	3	5					7	
		4			8	2	6	
5		8	7		2			9
	1			6			8	

puzzle 459

3								4
		8	4		5	9		
	6		7		9		2	
5	9		8		2		7	3
1	3		5		6		4	2
	7		1		3		6	
		6	9		4	2		
2								9

puzzle 460

		1				3		
7			1		6			2
3		2		4		6		8
	7		4		3		6	
		5		6		8		
	6		5		9		2	
9		6		7		5		3
1			3		5			6
		8				7		

puzzle 461

			6		1			
		9	7		3	8		
	2		5		4		3	
1	9	7				3	5	6
				5				
8	5	6				9	4	2
	4		8		5		6	
		8	3		9	2		
			4		2			

puzzle 462

					2			
2				8	7			9
4		5	3			6		8
1	5		8		6	9		
	2						3	
		4	1		3		8	7
9		2			1	8		5
7			2	3				1
			6					

puzzle 463

4	6				1			7
		3	4		7	5		9
	1			2			3	
6	5						7	
		2				6		
	9						8	5
	4			7			6	
2		5	6		8	9		
3			9				5	1

puzzle 464

			9		6			
		3		8		7		
6	1			2			3	4
7				6				2
	3	6	2	4	9	5	1	
2				5				3
1	8			9			7	6
		2		7		1		
			4		5			

easy

puzzle 465

		3	7		2	4		
	7						3	
6			4		1			9
2		9		7		3		5
			2	4	3			
4		1		6		2		8
9			8		6			3
	1						9	
		8	9		4	6		

puzzle 466

		1		4		7		
			8	3	6	1		
5	9							6
	1			6			7	
4	3		7	8	9		1	2
	8			1			5	
1							4	9
		4	1	9	8			
		6		5		8		

puzzle 467

6		4	5		7	2		3
	2			4			9	
9					6			8
3		7						4
	5			2			6	
4						1		5
8			4					9
	7			8			4	
2		3	9		5	6		1

puzzle 468

	4	1		7		5	6	
2		6	8		1	3		7
	3		7		2		1	
7				1				4
	9		4		6		5	
6		4	2		3	1		5
	2	3		6		8	4	

puzzle 469

	5	8		4			7	
4			7		5	8		9
	1				3			4
	2	9					5	
3								6
	8					1	4	
7			3				8	
2		3	5		4			1
	4			2		9	3	

puzzle 470

4		6	2		9	8		1
		5				4		
8	1						5	7
1			9		2			5
				7				
5			1		6			4
7	2						8	3
		3				7		
6		1	4		7	5		9

puzzle 471

								3
		5	7	3	4	8		
	3		9	5			1	
	7	3	1				8	
	9	8		6		3	5	
	5				2	6	7	
	8			2	1		4	
		1	6	7	3	9		
7								

puzzle 472

	1		9		3		4	
2	8	5	4		6	7	9	3
3								6
			2		5			
	6						7	
			6		8			
8								4
1	3	4	7		2	5	6	8
	9		5		4		1	

easy

easy

puzzle 473

			9	1	8			
		3	5		2	6		
	8						7	
1	3		2		5		8	4
8								6
5	9		1		4		3	2
	2						5	
		4	3		6	8		
			8	2	7			

puzzle 474

4	1						8	5
			5	6	1			
			4	8	9			
	2	1				5	4	
	5	8				3	7	
	9	4				6	1	
			1	3	5			
			2	4	8			
8	4						5	3

puzzle 475

1	8	7				9	3	5
			9		1			
4		2				1		8
	1		5		9		4	
	2		6		7		1	
3		1				5		4
			4		6			
7	4	9				3	8	6

puzzle 476

	5		1		8		6	
1			7		5			4
		9				2		
4	1		9		3		7	8
				7				
6	7		2		1		9	5
		7				8		
5			8		2			7
	3		6		7		1	

puzzle 477

			1		2		8	
5	3	1		8			7	
		8				6	5	
1			4		3			6
	9						1	
4			9		6			3
	1	9				2		
	5			3		1	4	8
	2		5		1			

puzzle 478

	3						6	
8	5			3			7	2
		2	8		4	3		
		9	3		7	2		
	2						3	
		8	2		5	9		
		3	6		2	7		
4	8			5			2	9
	7						1	

puzzle 479

9			7			2		4
			4	9		6		
5	4				6			
		6	5		4		7	1
	5			2			4	
7	1		9		8	5		
			3				6	7
		8		4	1			
1		3			5			8

puzzle 480

			1	8		6	7	
5	8			4			2	
7		3	6			5		
						4		2
4	3						9	6
6		8						
		1			4	3		7
	7			1			8	4
	9	4		7	8			

easy

puzzle 481

		2	7			4		
	8	4					1	
5			2		9		7	3
		3		2		7		8
			9		8			
8		7		6		1		
6	4		3		2			7
	7					9	2	
		1			7	3		

puzzle 482

		9	8		2	6		
	8			6			1	
2			7		5			8
5		7				3		6
	2						9	
3		1				4		2
9			4		6			3
	3			5			2	
		4	1		3	5		

puzzle 483

			5		7			
6		4				5		2
	9		1	2	4		8	
5		1				7		9
		6		1		2		
9		2				4		8
	2		7	3	1		5	
1		9				3		7
			9		2			

puzzle 484

7			5		1			3
		3				5		
	5	8	9		4	7	6	
5		6				3		4
				5				
4		2				9		5
	4	9	2		7	1	5	
		1				6		
6			1		3			7

puzzle 485

				1		5		
		1			6		9	
	5		8	9	4	2		1
		2	4			3	7	
3		4				8		6
	9	6			1	4		
1		5	9	8	7		2	
	6		1			9		
		7		2				

puzzle 486

	8						7	
3			5		1			2
		5	4	9	7	8		
	2	1				7	6	
		6		4		3		
	3	7				4	2	
		2	1	3	5	9		
5			6		8			7
	1						5	

puzzle 487

	8						6	
4		7		1		9		8
	3		8		6		2	
		3		5		8		
	5		4		8		9	
		6		7		5		
	7		5		9		1	
9		5		4		7		3
	1						5	

puzzle 488

				8	9			
		9	3		5			
		2		6		8	5	
8	9		7		4		1	
2		4		5		7		8
	5		2		8		9	6
	6	3		7		2		
			6		3	1		
			8	4				

puzzle 489

	1	2	3			7		
			1		2	9		3
9	3				7			5
	8	5					2	9
				6				
1	2					6	7	
2			5				6	1
7		8	4		1			
		1			6	8	3	

puzzle 490

5		3		1		6		2
				4				
4		7	2		9	5		8
		2				7		
8	4						2	5
		6				1		
9		5	1		8	4		3
				9				
7		1		2		8		6

puzzle 491

			6		2			
	8					7	1	
	2	4	7	8	9	3		
6		7				2		1
		2				4		
4		3				6		7
		1	4	9	5	8	7	
	6	9					3	
			1		3			

puzzle 492

9		2	6		1	8		
			3		7	9		
5							1	2
8	1				5		4	3
				4				
2	9		1				8	7
6	2							9
		9	7		6			
		7	2		9	1		8

puzzle 493

	2		7		5		6	
4			2	3	8			5
		3				2		
8	3						5	9
	4						8	
9	6						4	1
		8				4		
2			8	5	7			6
	9		4		6		1	

puzzle 494

5				4	6		2	9
1	6	9		2			5	
				3			1	
4								
2	8	5				9	3	1
								5
	5			6				
	3			5		2	9	7
7	2		3	9				8

puzzle 495

		7	3		8	9		
	5		1		9		7	
8				6				5
6	9						4	1
		4				6		
7	8						5	9
9				3				6
	7		5		6		9	
		2	4		7	5		

puzzle 496

	4		6		7			
		1				5		6
	9		5	3	1		2	
9		2				7		1
		8				2		
6		4				9		5
	1		9	8	3		4	
2		9				3		
			7		2		1	

puzzle 497

9	5						4	3
6		1				8		5
	8		4		9		1	
		5		4		1		
			5	3	7			
		7		8		3		
	7		3		2		8	
3		9				5		7
4	2						3	6

puzzle 498

6	9		4	3				2
	4			7		5	3	1
	7				2			
		4						6
5	3						4	7
7						8		
			3				7	
8	6	2		9			5	
3				1	8		6	9

puzzle 499

		1	2			6		
	2			5			9	
7		6	8		9	1		3
		7				3		8
	6			2			7	
4		9				2		
1		5	4		2	8		6
	7			9			1	
		2			3	9		

puzzle 500

				6	1	7	3	8
			4	5				2
				7		9		5
	9							3
3	1	8				4	6	7
7							8	
1		7		4				
4				2	9			
6	2	9	1	3				

puzzle 501

2	4	8			9			3
	3			4	8		2	5
					3			6
7	5	9						
	2			1			3	
						4	8	7
4			3					
3	1		4	9			5	
5			2			3	6	4

puzzle 502

			6		4			
		7	3		2	1		
	5			9			2	
5	7			6			9	2
		2	5		8	7		
1	8			7			4	5
	9			2			7	
		6	9		7	2		
			8		5			

puzzle 503

			9		3			
3	4		1				2	7
		1		4		9		
4			2		8		1	3
		3				4		
1	7		6		4			8
		7		9		3		
5	2				1		6	9
			7		6			

puzzle 504

7								4
		1	6	9	5	2		
	5		3		4		1	
	2	5				9	8	
	9			8			6	
	4	8				7	3	
	3		5		7		2	
		2	8	3	1	6		
8								7

puzzle 505

	8		7		6		4	
9		6	2		4	1		3
	5						8	
7	1						3	9
4	9						2	1
	6						9	
5		2	6		9	8		7
	4		8		3		6	

puzzle 506

			8	4	5	9		
		9				4		
	5		1		6		3	8
3		5				6		7
8								3
7		6				5		9
5	4		7		9		2	
		1				3		
		8	2	5	3			

puzzle 507

			8		7			
3			1	9	4			6
8		9				4		2
6	9						2	5
	7			5			4	
5	4						3	7
2		5				7		1
9			7	3	6			4
			2		5			

puzzle 508

		1				2		
		7		4		9		
8	9		7		6		5	1
		5	6		4	8		
	1						4	
		2	9		5	7		
5	4		1		9		3	2
		6		5		4		
		3				1		

puzzle 509

5			2	1	6			7
				8				
	8	6				2	5	
6			1		9			8
1	4						3	5
9			8		5			2
	1	4				5	7	
				6				
2			3	5	4			9

puzzle 510

			4		9			
	6	7	8		1	2	5	
	9			7			3	
2	8						9	3
		3				7		
1	7						8	6
	5			8			7	
	1	6	7		4	3	2	
			3		6			

puzzle 511

							3	
4		8	9	5	6	2		
	7		3		2		5	
	5	4				6	9	
	9			8			2	
	8	6				5	1	
	1		4		7		8	
		3	2	1	8	7		5
	4							

puzzle 512

	3						1	
5			3		8			7
		6	1		4	8		
	9	7	5		6	2	3	
				3				
	4	5	8		2	1	6	
		2	6		3	4		
1			9		7			8
	5						7	

puzzle 513

4		2	8		9	5		1
				3				
3			4		5			8
1		8				4		3
	2			1			5	
7		3				6		2
9			2		8			6
				4				
2		5	3		1	9		7

puzzle 514

						1	4	
1				3	2	9		
3	7				5			
	9	6						
	1		4		6		8	
						3	1	
			3				6	7
		1	7	5				4
	8	7						

puzzle 515

		3	1				9	2
		9		5				6
5	2					8		
7			3					
	6			7			5	
					8			1
		7					3	5
6				4		7		
3	9				7	2		

puzzle 516

				9				
3		7		5		8		6
8			6		2			3
7		4				1		5
5		2				4		7
6			4		7			8
1		5		8		7		9
				6				

puzzle 517

				9				2
		4				6		
	3	6		5	7		8	
				2		5		
5		8	6		1	2		7
		2		8				
	5		2	3		4	7	
		3				8		
1				6				

puzzle 518

5				1	3		4	7
6	4			9			2	
1				7				
3	7		9		6		5	1
				5				4
	2			8			9	6
7	8		5	2				3

puzzle 519

	5		6		3		2	
8	7						1	4
			8		1			
9		2				3		6
				9				
4		7				8		1
			1		9			
2	1						6	9
	9		4		6		3	

puzzle 520

	7		1		2		4	
6	2						8	9
			6		5			
7		9				3		8
8		2				5		4
			3		4			
3	9						2	7
	4		9		1		6	

tough

puzzle 521

	1			7	4		3	
2	3						1	9
		5				2		
6			5		3			
8								2
			8		2			1
		8				1		
1	9						6	4
	6		1	3			2	

puzzle 522

	5	8						
			6		8	2		4
	9				7			8
	7	4					2	
			4	1	9			
	3					8	4	
8			5				9	
1		9	7		4			
						1	3	

puzzle 523

	5	8				9	2	
2			5		4			6
7				9				5
	3						7	
		6		4		5		
	4						6	
4				5				7
1			2		6			9
	9	3				8	5	

puzzle 524

			4			7		
	3	2		8			6	
6				1			9	
			5		2			6
	2	8				4	5	
1			7		8			
	1			7				2
	7			2		3	1	
		6			1			

puzzle 525

		2	4		7	5		
		9				4		
6	5						2	7
5				6				3
			7		8			
2				1				9
8	7						9	1
		1				6		
		3	8		1	7		

puzzle 526

1								7
8	4						9	3
			9	2	4			
		8	7		5	6		
		4				5		
		1	2		9	8		
			5	3	8			
7	2						4	8
6								5

puzzle 527

	4						1	
8		7				9		4
	3		8		2		6	
		4		9		2		
			7		6			
		9		5		6		
	5		9		3		8	
3		6				4		1
	1						9	

puzzle 528

	5	1						
					4			9
		9	3		6	1		2
	1	8	4		3	6		
		7	9		5	4	3	
7		3	1		9	5		
9			8					
						9	2	

puzzle 529

	7						4	
1			9		7			3
			1	2	6			
	2	8				4	6	
		3		8		5		
	4	7				2	3	
			3	1	2			
4			7		8			2
	6						1	

puzzle 530

	5	4				6	3	
6								4
1			4		3			5
		6	5		7	3		
		8	2		6	9		
4			9		2			6
8								7
	1	9				4	8	

puzzle 531

1		9		4		5		3
8			5	7	2			9
		2				4		
5		1				6		7
		7				3		
6			1	2	9			4
3		4		6		7		1

puzzle 532

3				9				4
		8				9		
	7		1		6		5	
		1		8		2		
6								9
		4		6		7		
	9		8		1		7	
		2				8		
8				7				6

puzzle 533

5	3				9			4
			3		8	6		5
	4							
7	1			5			9	
			2		1			
	6			8			1	3
							7	
9		5	1		2			
3			9				5	8

puzzle 534

	9		6		3		5	
3			1		8			4
1	5			6			3	8
			7		1			
8	2			3			7	9
4			8		9			5
	3		2		4		6	

puzzle 535

	9	1				5	8	
6			7		4			2
8								7
	8			2			7	
			6		7			
	6			1			5	
5								3
9			4		3			1
	7	4				8	9	

puzzle 536

			7	5		2	6	
8								
2		1	4			5		
			3		7	6		9
3								1
6		5	1		2			
		6			8	9		2
								6
	9	2		1	3			

puzzle 537

					8	2	5	
3				2	7	1		
2	1							
7	5		4		6			
	6						4	
			7		1		9	2
							2	1
		7	2	1				5
	2	3	6					

puzzle 538

		6				4		
				8				
9		5	3		1	8		6
		3	1		8	9		
	6						2	
		7	9		6	1		
7		4	2		9	5		3
				1				
		8				7		

puzzle 539

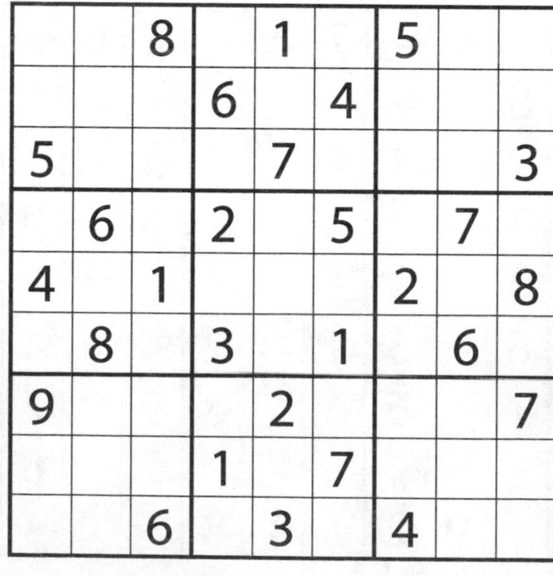

		8		1		5		
			6		4			
5				7				3
	6		2		5		7	
4		1				2		8
	8		3		1		6	
9				2				7
			1		7			
		6		3		4		

puzzle 540

	1			6	9	2		
9							7	
					5	8		3
			4			6		9
1				8				7
2		6			3			
5		7	8					
	2							4
		8	1	9			5	

puzzle 541

	4						6	
1		7				8		3
	6	5		8		9	4	
			2		9			
		9				4		
			4		3			
	8	4		5		2	7	
2		1				6		4
	7						5	

puzzle 542

4	8	2			7			9
					3			6
					9			2
3	6	7						
			5	7	2			
						4	8	7
5			7					
9			3					
2			6			1	5	4

puzzle 543

	9						8	
		5	6		1	4		
	1		4		3		9	
	8	3				9	4	
	6	4				2	7	
	7		3		4		5	
		9	1		2	8		
	4						3	

puzzle 544

7		4			5			6
		6	8		1	4		9
5		9				7		
			3	9	8			
		3				1		8
6		2	1		9	3		
3			6			8		4

puzzle 545

		8				1		
				3				
	1	4	7		5	3	8	
		5	9		7	8		
	4			8			2	
		6	4		2	5		
	2	1	3		6	4	9	
				7				
		7				6		

puzzle 546

	9				7		2	
		6				4		
1		8			2	5		7
4		1						
			2	1	8			
						6		1
8		7	5			1		2
		9				7		
	5		9				3	

puzzle 547

7			2		6			8
		2				6		
	5		4		8		9	
5		8				1		2
				8				
1		3				9		7
	7		1		2		5	
		4				8		
9			8		4			1

puzzle 548

	8	9	7					
		3			2			7
			3	4			8	5
	5					2		1
		4				7		
7		1					3	
4	3			8	6			
6			2			8		
					1	6	7	

puzzle 549

		3			5			6
	9			3			4	
7			2			9		
		8			6			3
	1			7			2	
9			8			4		
		9			7			1
	4			2			6	
1			3			5		

puzzle 550

		1	5			6		
	3	7	9	2		5	8	
						9	4	
		4	8	5	1	3		
	2	5						
	5	6		7	4	8	3	
		9			8	1		

puzzle 551

8								7
		5		2		9		
	6		3		9		5	
		1		9		8		
	7		8		4		9	
		3		7		2		
	2		7		8		1	
		7		1		5		
6								3

puzzle 552

7								4
9			8		5			1
2	6						9	5
	2			8			4	
			7		2			
	7			3			1	
8	3						6	9
4			9		3			8
1								2

tough

puzzle 553

8	7	2		6				4
								9
		4	3			2		5
				9		6		
2				1				3
		5		3				
6		3			9	5		
1								
4				2		1	7	8

puzzle 554

2								8
	1		6		4		9	
			7	5	2			
	6	9				1	3	
		1				5		
	8	2				9	6	
			5	4	3			
	4		1		8		5	
8								3

puzzle 555

1			6		4			8
5			8	1	7			3
4	7						8	6
	8			4			5	
9	6						3	2
6			4	2	5			9
2			1		3			7

puzzle 556

3				5				8
			3		7			
7			8		2			5
	6	2				5	4	
5				9				7
	8	7				9	3	
4			9		3			6
			6		4			
2				7				4

puzzle 557

			6		7		2	
						1		4
				8	2		9	
4					3	2		9
		9				5		
8		3	5					1
	1		9	5				
7		6						
	2		8		4			

puzzle 558

		3	5		4	6		
	4		9		2		8	
8								1
5	6						1	3
				3				
4	3						2	7
7								6
	8		2		1		9	
		4	3		6	1		

puzzle 559

6			7		4	8		3
		2						
4				2			6	
7				6				1
		5		3		9		
2				8				7
	8			9				2
						3		
1		3	8		5			9

puzzle 560

				4				
	7	4	9				2	
		5	2			4	1	
				9		6	7	
5			4		6			3
	4	3		8				
	3	6			1	5		
	5				4	3	9	
				5				

tough

puzzle 561

2		1		8		7		3
			6		1			
	7						8	
	6						1	
8			9		7			5
	9						2	
	2						7	
			3		4			
5		3		6		2		9

puzzle 562

6								7
		9	7		3	8		
	5		1		2		6	
	3	4				1	9	
				5				
	9	7				2	3	
	6		4		7		1	
		2	5		8	6		
4								2

puzzle 563

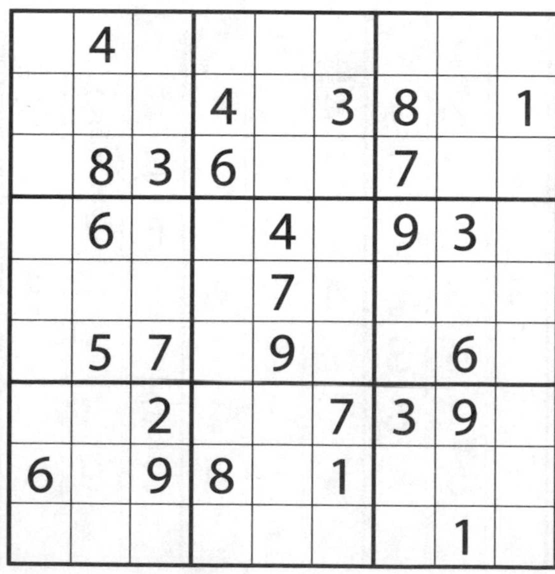

	4							
			4		3	8		1
	8	3	6			7		
	6			4		9	3	
				7				
	5	7		9			6	
		2			7	3	9	
6		9	8		1			
							1	

puzzle 564

5			9		2			8
		1				6		
	9			6			7	
		2	6		8	9		
			3		7			
		8	2		9	5		
	7			2			6	
		3				8		
6			4		3			2

puzzle 565

	6	1		3		7	9	
7								5
5			8		9			1
		9				8		
2				8				6
		3				5		
3			6		7			4
8								2
	7	6		4		1	5	

puzzle 566

	4			3			1	
2			4		6	7		9
	5							
	3						8	
6			8	9	3			2
	7						4	
							5	
8		7	9		5			1
	2			7			9	

puzzle 567

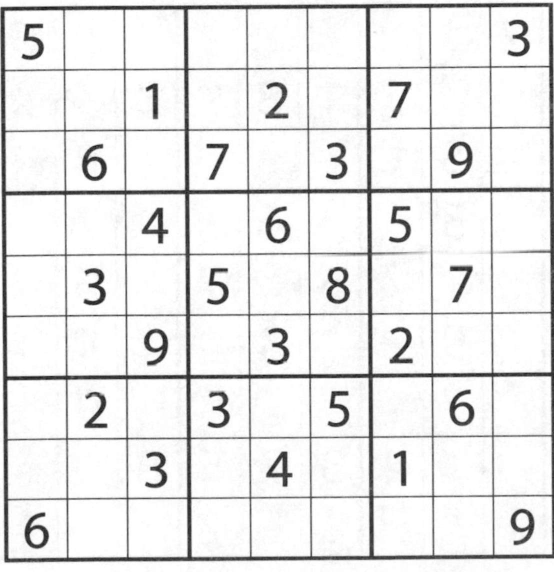

5								3
		1		2		7		
	6		7		3		9	
		4		6		5		
	3		5		8		7	
		9		3		2		
	2		3		5		6	
		3		4		1		
6								9

puzzle 568

		2						
	7			8			5	
		3	7		1	6		4
		8		3		1		
	2			9			7	
		9		7		5		
1		4	8		2	7		
	5			6			8	
						9		

puzzle 569

9		1			5	2		6
			1		9			
		6				9		
6	5			9			7	
	8			3			1	4
		8				6		
			6		4			
1		3	7			4		8

puzzle 570

			7	2				
	7		9				3	
	5	1				7	2	
			3		5		8	1
3								7
4	9		8		7			
	4	2				5	7	
	3				6		1	
				7	3			

puzzle 571

			4			9		
	9	7		6			3	
4				3			5	
								2
	2	3	5		4	8	9	
1								
	5			7				1
	3			8		2	4	
		6			5			

puzzle 572

2								6
		7	1	8	9	3		
	5						8	
	3			6			7	
	1		5		7		6	
	9			3			4	
	7						9	
		4	3	7	6	8		
1								4

puzzle 573

		4				2		
		3	8			4		
2	1			3			7	9
	5		7		4			
		9				1		
			2		9		4	
9	4			7			1	6
		5			6	7		
		2				3		

puzzle 574

	2	9						
	8			4	3		9	5
					7			1
	1	7		5				
	6			7			1	
				8		9	3	
2			6					
4	3		9	1			7	
						6	5	

puzzle 575

			7		6			
	1	9				6	4	
		8	5		4	9		
1		6				8		9
4		3				1		6
		5	2		9	4		
	3	2				7	8	
			8		5			

puzzle 576

		4				9		
			2	1	4			
3				7				8
	4		8		7		5	
	6	2				3	7	
	1		3		9		4	
2				5				3
			1	8	3			
		8				1		

puzzle 577

		6		1		3		
			7					
7			9			4		6
	1	8		5				
2			1		4			7
				3		1	2	
5		3			9			2
					6			
		4		2		6		

puzzle 578

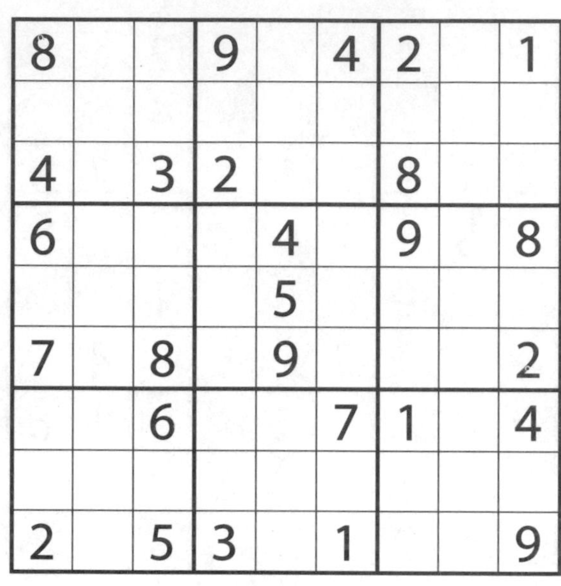

8			9		4	2		1
4		3	2			8		
6				4		9		8
				5				
7		8		9				2
		6			7	1		4
2		5	3		1			9

puzzle 579

5	6		3		9	7		2
					2			1
4								
8	9		1		3			7
2			8		4		6	5
								9
1			5					
9		2	4		6		1	3

puzzle 580

		9	8			4		6
						2		
5				6			3	1
7			5		9			
		5				3		
			2		1			7
1	8			5				4
		3						
4		6			2	8		

puzzle 581

8					4			5
		6						
		3	1	8		4	9	
9				3		2		
		2	9		8	1		
		8		1				9
	5	4		7	9	8		
						6		
7			2					3

puzzle 582

			1	6		8	9	
4	7			9			2	
6								
								6
5	9		7	2	6		8	4
3								
								8
	2			7			1	5
	8	5		4	9			

puzzle 583

4	1				5	8		
5				3				
		2	7					4
		3			7			2
	6						1	
9			4			6		
1					9	5		
				7				8
		5	6				7	9

puzzle 584

	1							
		7	6		1	9		5
	4			3			7	
	6		8		9		3	
		2		1		6		
	5		2		4		8	
	7			9			1	
5		1	3		6	4		
							5	

puzzle 585

	1						9	
4		9	6		5	2		3
	8			7			6	
	9						3	
		8		3		1		
	5						8	
	2			5			4	
8		6	7		1	3		9
	3						7	

puzzle 586

	4		8	6	2		9	
3			7		4			8
9	8						5	6
2								1
4	1						8	3
7			5		1			9
	5		3	4	8		2	

puzzle 587

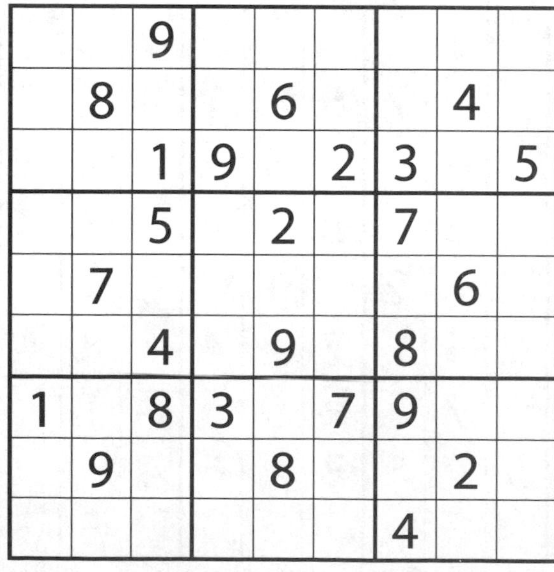

		9						
	8			6			4	
		1	9		2	3		5
		5		2		7		
	7						6	
		4		9		8		
1		8	3		7	9		
	9			8			2	
						4		

puzzle 588

	2	5		4				
		6		3				4
			7				3	2
						8		
7	4		5	9	8		2	1
		2						
2	9				6			
1				8		2		
				5		4	8	

puzzle 589

	9		6		5		2	
5				7				3
			2		4			
4		7				1		9
	6						8	
3		9				5		2
			8		7			
2				5				6
	1		3		9		7	

puzzle 590

			3		9			
		4	5		1	3		
	8			7			4	
4			8		7			9
				9				
3			1		4			7
	7			5			8	
		6	7		2	9		
			4		8			

puzzle 591

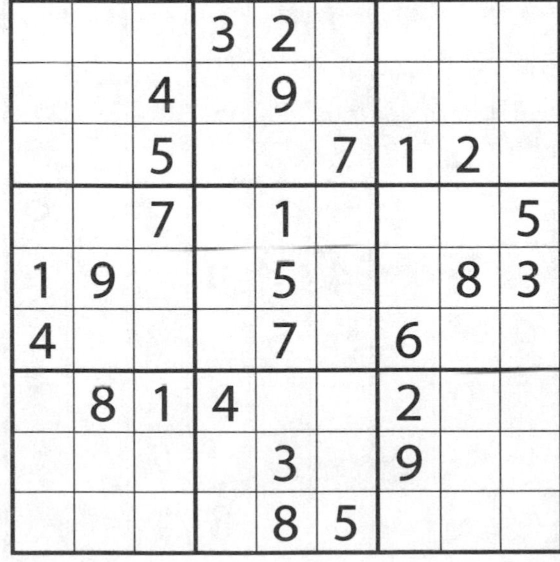

			3	2				
		4		9				
		5			7	1	2	
		7		1				5
1	9			5			8	3
4				7		6		
	8	1	4			2		
				3		9		
				8	5			

puzzle 592

		4	9	8				
		5			7			
				3			5	1
	3			9				8
1		8				7		6
2				4			3	
6	8			7				
			2			6		
				6	4	8		

puzzle 593

			5	9			7	4
					8			3
		1				8		
3				1			6	
2			7	4	6			5
	6			5				9
		7				6		
8			1					
1	5			6	9			

puzzle 594

		5					3	
		1		8	3	2		9
9	2						5	
					9		2	
	9			5			6	
	7		3					
	4						1	5
6		2	1	7		8		
	3					4		

puzzle 595

2	6			3	8		4	5
5					4			9
8	3		7		6			
9				4				6
			5		9		1	4
4			3					1
6	5		4	2			7	8

puzzle 596

			7		5			
		7				1		
	6		3		2		5	
7		4		2		8		9
			4		9			
9		1		5		2		4
	9		2		3		4	
		2				7		
			5		8			

puzzle 597

	7	2	5		9	6	1	
		3		7		8		
2				5				3
		8	3		1	7		
6				4				9
		1		8		5		
	5	4	2		7	9	6	

puzzle 598

				5				
		7	9		1	4		
	5		4		8		6	
	3	6				7	2	
9								8
	8	1				5	4	
	2		5		9		3	
		5	3		6	9		
				7				

puzzle 599

6					2			7
			1			5		
	8	1	7			4		
3						1	7	
			5	1	4			
	5	6						4
		3			6	7	2	
		2			9			
4			3					9

puzzle 600

			6	8		7		
			4			9		
			2		7		4	3
9	6	8				3		
2								5
		7				1	8	4
4	8		5		9			
		6			1			
		9		2	6			

tough

puzzle 601

	7			9			4	
4			5		7			3
			1		4			
	8	2				1	9	
3								4
	1	4				3	6	
			6		9			
5			7		3			8
	9			1			7	

puzzle 602

7						1		5
				7		4		
2	5	6		3		7		
			6		3			
	8	4				3	2	
			4		9			
		2		1		5	8	9
		5		4				
1		8						7

puzzle 603

	6			1				
1			7	6		5	9	
					2		8	
	1					7		
2	7			4			1	6
		5					3	
	9		5					
	4	1		3	8			5
				2			4	

puzzle 604

			8	4			1	
7				2	3			
				9	6			
	3	7						5
4	5	9				8	3	2
1						7	4	
			7	1				
			2	6				8
	8			5	4			

puzzle 605

4		1				6		2
	3			1			4	
7			6		8			5
		8				9		
	1						7	
		7				8		
2			4		9			6
	4			3			2	
8		9				4		7

puzzle 606

	6						8	
			4		2			
1	2				9		6	3
	7	2					3	
			9	1	3			
	3					8	5	
2	1		8				9	7
			5		1			
	5						1	

puzzle 607

8	4						5	6
			5	8	2			
		2				1		
	3			2			7	
			7	1	4			
	9			3			8	
		5				7		
			3	9	6			
9	2						6	3

puzzle 608

	2	7						
					2			9
		8	3		4	2		6
	1	2		3		8		
		5		2		1	7	
8		1	5		6	9		
4			2					
						6	5	

tough

tough

puzzle 609

4	2				6			3
			2		4	7		5
	9							
3	7						1	
			7	4	1			
	5						7	2
							5	
7		1	9		2			
5			6				8	9

puzzle 610

			7	1		4	3	
		6						2
	3					5		1
3			9		7			
4				2				5
			5		8			7
2		9					1	
5						7		
	4	1		3	6			

puzzle 611

				8			7	
			9					
		7	1	3			9	4
		5			6		2	
2			8		7			9
	8		4			6		
8	2			6	3	1		
					9			
	4			1				

puzzle 612

		4					2	
			8		4			6
6		1		9				
	5			8			3	
		7	3	6	5	4		
	3			4			6	
				1		8		2
3			4		2			
	6					7		

puzzle 613

3	4		1	7				
7			2			8	4	
			9					
9		2			4			
		5				3		
			8			5		6
					7			
	8	6			2			5
				8	6		1	9

puzzle 614

7		2	9		3	1		8
			8		7			
		1				5		
		7				6		
		9	5		1	4		
		4				8		
		6				3		
			4		2			
5		8	3		9	2		6

puzzle 615

			9			7		
			6			4		
9	7	8	4			2		
						3	9	6
			7	3	8			
4	3	5						
		6			5	9	8	7
		7			2			
		3			9			

puzzle 616

6			3			8		
	7	8		4	1		9	3
4			9			1		
	1	2		5	7		8	6
5			8			2		
	8	9		6	3		4	7

tough

tough

puzzle 617

	2		1		8		3	
3								1
		5	3		2	8		
6		8				3		7
				2				
2		7				1		6
		9	4		7	5		
5								4
	4		6		1		9	

puzzle 618

	9			2	6			4
4					3	8		
		5					7	
			8				3	6
3				1				8
2	8				4			
	7					6		
		4	2					1
5			9	7			2	

puzzle 619

	7	5				2	4	
				8		7		6
4			2				8	
				4				2
		9				8		
6				2				
	1				9			8
7		3		1				
	2	4				6	1	

puzzle 620

	3	9	2		1	6	5	
8			3		5			2
6		8				9		5
				8				
7		4				8		1
3			7		8			6
	8	6	1		4	5	9	

puzzle 621

		5						
		8	7			3		
	2			3	4		1	5
		9					2	
		3	6	9	7	1		
	5					7		
7	6		8	5			4	
		1			9	5		
						6		

puzzle 622

				4			5	
2	6			8			7	
		3	9			8		
						9		
8	5		4		3		6	2
		1						
		4			8	7		
	9			1			8	3
	3			7				

puzzle 623

				8		1		
5								
3	2		9					7
		4		9		2		
8	9		5		2		6	3
		7		3		8		
9					4		3	6
								2
		3		7				

puzzle 624

	3							
	2			1	3		8	4
		4	2			6		
	9			8		1		
	4			2			5	
		5		7			6	
		3			5	9		
7	8		6	3			1	
							2	

tough

puzzle 625

	1		8		6		2	
5		9				4		8
	6						1	
9				2				1
			1		3			
1				7				5
	4						5	
2		5				6		7
	3		7		2		9	

puzzle 626

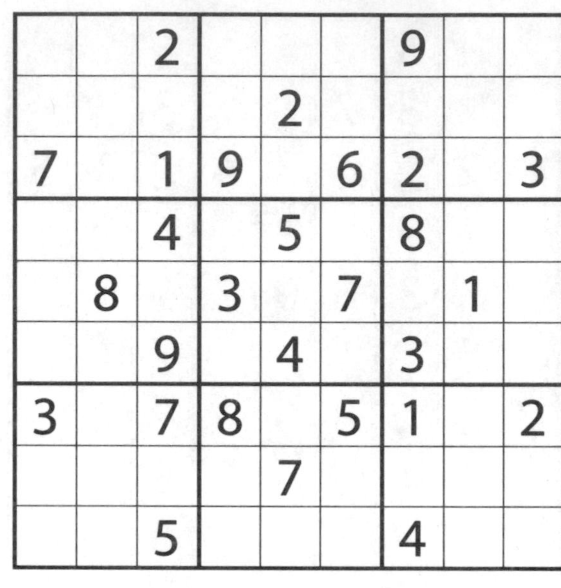

		2				9		
				2				
7		1	9		6	2		3
		4		5		8		
	8		3		7		1	
		9		4		3		
3		7	8		5	1		2
				7				
		5				4		

puzzle 627

				6		7		
		9				8		
	8		5	2			6	4
		7			9			
6		3				5		7
			7			3		
3	7			5	4		2	
		8				4		
		2		1				

puzzle 628

		2				1		7
			1					
8				5	3			4
	6			1		4		
		3	9		4	7		
		4		8			2	
2			8	7				3
					2			
1		7				6		

puzzle 629

			4			2		
	7			6			1	
6		3	1			8		
						9		4
	8		3		1		5	
4		7						
		9			7	3		5
	5			1			6	
		6			4			

puzzle 630

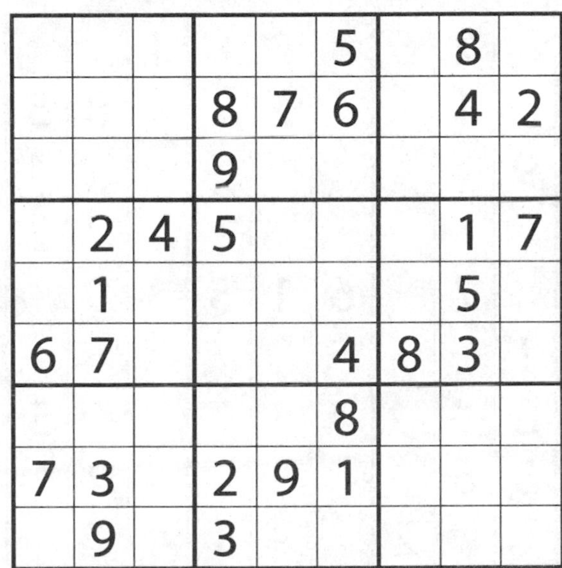

					5		8	
			8	7	6		4	2
			9					
	2	4	5				1	7
	1						5	
6	7				4	8	3	
					8			
7	3		2	9	1			
	9		3					

puzzle 631

		7	6		9	2		
		9				4		
8	4						9	1
1			3		2			8
9			1		7			4
2	3						4	6
		1				9		
		6	2		8	3		

puzzle 632

			3					
6			8					9
	1	4				2	7	
			9	6	4		3	5
5	9		1	7	3			
	8	3				4	5	
4					2			6
					9			

puzzle 633

	2	6	3			1		
	1			2			8	3
9								4
								2
	7		6	1	5		9	
1								
8								5
5	6			3			2	
		2			1	4	7	

puzzle 634

				6	7	1		
		3			5	9		
	1						8	2
					6		7	8
4				2				9
9	3		1					
7	2						9	
		4	6			7		
		9	7	3				

puzzle 635

				8				
		4	9		6	1		
	6			1			5	
	8		7		1		6	
1		7				3		2
	2		5		9		7	
	3			7			2	
		1	2		3	7		
				4				

puzzle 636

	8						3	
3	4		6		9		2	1
					5			
	6	1					7	
			2		4			
	3					1	9	
			1					
4	5		7		8		1	6
	9						5	

puzzle 637

			7		5	6		
	3	7						
	9			2	4			3
4						1		6
		8				9		
6		2						5
9			4	7			5	
						8	4	
		1	8		9			

puzzle 638

				4		9		
			6	7		8	2	
							5	6
	9		4		8			
2	8						1	9
			1		5		3	
7	4							
	3	2		5	4			
		1		6				

puzzle 639

				4				
1	9		5				3	6
8		6				1		5
							5	
7			4	2	1			9
	8							
3		4				7		8
2	6				4		9	1
				7				

puzzle 640

3	4				2		1	5
	8		7		6		2	
	9	5				2		
			1		9			
		3				7	8	
	2		8		1		3	
9	3		4				6	8

puzzle 641

7		3	4		6	2		8
	8			2			6	
4		7	8		1	6		5
	9			6			3	
6		5	7		4	3		9
	3			1			4	

puzzle 642

	2			1			6	
	1		6				5	
	3	5				8	9	
				9			7	
1								3
	6			5				
	4	7				2	3	
	9				2		8	
	5			7			1	

puzzle 643

7			5		8			1
6		1				9		5
2		7				4		9
			7	6	9			
8		5				7		3
1		3				5		4
5			8		2			6

puzzle 644

							1	3
9	4		1		2			7
					9			5
	6					1		
7	1						6	8
		2					7	
5			4					
8			6		3		5	2
1	7							

puzzle 645

	1		2		6		4	
		6		4		7		
		3				6		
7				5				3
	6			1			2	
4				6				8
		9				3		
		2		7		4		
	8		6		5		1	

puzzle 646

		4		5		1		
					8			
8					7	5		9
				8		9	4	
7			1		2			3
	5	9		7				
9		7	3					2
			7					
		3		6		4		

puzzle 647

	9		3					
5	4				6			
		2	7					
4			6	2			8	5
8								6
6	2			9	7			3
					2	7		
			9				3	4
					4		9	

puzzle 648

5		4	6			8		3
			4		3	1		
9	1							7
	9						4	6
4	2						7	
6							5	2
		5	9		8			
2		1			6	3		9

puzzle 649

3		2				7		1
			2		4			
4		1		5		2		9
	1						7	
		6				9		
	7						3	
1		9		2		5		3
			8		9			
7		3				4		8

puzzle 650

		8	7		3	6		
		7				3		
3	4						7	2
9			3		4			1
				5				
2			6		1			5
1	8						2	6
		2				8		
		3	1		8	5		

puzzle 651

			1	3	9			
	6	1				9	3	
	8						5	
6			4		8			1
2								4
5			7		2			3
	4						6	
	2	9				3	1	
			9	5	1			

puzzle 652

		2	7		1	3		
		1				8		
8	9						1	6
9				2				8
			9		7			
6				5				9
7	5						2	3
		9				7		
		4	3		6	9		

puzzle 653

		5			7			1
2	4		9	3		5	8	
		7			9			5
1	6		5	7		2	9	
		6			8			3
9	2		1	6		8	7	

puzzle 654

6		4	1			9		8
	1			3			7	
				8	5			
		3						1
	9	6				2	5	
2						4		
			9	4				
	3			6			2	
4		7			2	3		9

puzzle 655

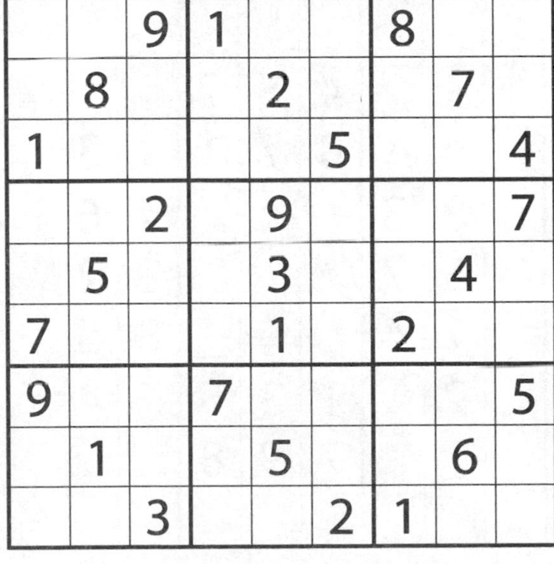

		9	1			8		
	8			2			7	
1					5			4
		2		9				7
	5			3			4	
7				1		2		
9			7					5
	1			5			6	
		3			2	1		

puzzle 656

		4				3		
	7			4			9	
1			9	5	2			8
		2				9		
	4	7				5	3	
		9				8		
2			3	7	1			5
	6			2			8	
		3				1		

tough

puzzle 657

9		7			1			
				9	6			
8			3					
		8		1			4	2
	2		5		4		9	
5	3			2		8		
					2			9
			7	5				
			4			3		1

puzzle 658

		1				7	8	
			3			5		9
6			7				1	4
	7	8			2			
			9			2	4	
8	3				5			2
1		4			6			
	6	5				1		

puzzle 659

		3	9			6		
			8			3		
6	5				7			2
		2					5	3
			7		4			
9	3					1		
1			5				6	7
		6			8			
		4			6	9		

puzzle 660

			4	5	2			
	4		8	7	1		3	
	8	3				4	6	
	5	7				9	2	
	1	4				8	5	
	2		1	3	5		4	
			7	9	8			

puzzle 661

	8			6			2	
			4	8	7			
		5				9		
	3						8	
1	6		7		3		9	4
	9						1	
		3				4		
			5	9	1			
	5			4			6	

puzzle 662

7			1		2			5
5	2						4	7
	8		2		5		6	
			3		1			
	1		8		4		3	
2	4						8	1
3			6		7			9

puzzle 663

	6		7			8		
				8		6		3
1	5			2				
								2
	4	1	5		6	7	9	
8								
				1			6	7
3		5		6				
		7			9		4	

puzzle 664

8			6		9			3
		5	2	4	7	1		
5		7				8		4
		1				6		
6		9				2		1
		2	1	6	3	9		
1			9		4			6

tough

puzzle 665

		2			9	8		
	1	7			6			
9	6							2
				5			9	7
			6	7	3			
7	8			2				
1							6	5
			5			3	7	
		6	8			9		

puzzle 666

7		2		3		8		4
	6						1	
			8		4			
		7		8		4		
5			9		1			7
		4		5		2		
			7		6			
	7						2	
2		6		9		7		3

puzzle 667

3		1	6		5	2		8
	5			2			9	
5		7	2		9	8		1
	9			1			3	
4		2	9		8	6		5
	8			7			1	

puzzle 668

			5		1			
	6	4				1	7	
	5						8	
		6	1		9	7		
		8		7		6		
		3	6		8	9		
	9						4	
	4	7				2	1	
			4		3			

puzzle 669

		3	1	9		4	8	
9								
8					7			3
		1		4				9
3								5
5				2		8		
4			5					8
								6
	8	2		1	6	3		

puzzle 670

				7				
	5			1			3	
8		9	3			2		7
						6		
2	3		8	5	7		9	1
		8						
9		1			3	7		6
	4			8			2	
				4				

puzzle 671

	3			7		1	2	6
6								9
		2		5				4
			2					
9		3				2		7
					4			
8				9		6		
4								8
3	2	1		6			7	

puzzle 672

5			2		3	1		4
		4						
7				4			9	
1			6		4			3
		8		1		6		
9			8		7			1
	1			3				5
						7		
8		3	7		9			2

tough

puzzle 673

		5				2		
		6	4		3	5		
2	7						3	1
	8			6			4	
			8		4			
	6			3			2	
1	2						6	4
		3	6		9	7		
		4				8		

puzzle 674

			5		7			
		2		3		4		
	5		2		8		7	
8		7				1		9
	4						6	
1		5				2		3
	3		7		6		5	
		8		9		6		
			8		1			

puzzle 675

				1	7			
9		2				1		3
	1		8				6	
4				8		7		
5								6
		3		9				4
	4				9		2	
1		7				5		9
			4	3				

puzzle 676

				3		4		
	6						8	
3			2	1	8			
		3	5		9	7		
5		1				8		4
		7	8		1	9		
			1	5	3			9
	1						6	
		5		6				

puzzle 677

		4		3				
		1			5	2		
	9	5		6	2		1	
	4							2
8								7
5							9	
	6		3	2		5	8	
		9	1			3		
				9		6		

puzzle 678

	2							
		5	6		2	4		3
	3			9			6	
	4		1		7		2	
		6		5		7		
	1		4		8		3	
	9			2			5	
8		1	9		3	2		
							7	

puzzle 679

	9				8		6	
4						1		2
	5			2				
8			3		2			
		4	7		5	2		
			4		6			5
				3			4	
1		9						3
	7		1				2	

puzzle 680

		7				5		
			1	2	3			
3				7				6
	9		5		6		4	
	7	8				6	1	
	3		7		8		9	
9				4				2
			8	5	1			
		3				7		

puzzle 681

		7						
	5	1		8			9	
				7	3		2	4
		6						
	3	8	6	1	7	4	5	
						1		
1	7		2	3				
	9			5		7	3	
						9		

puzzle 682

8				3	4		2	1
9	4			5			6	
4				2				
3	6						7	8
				4				3
	1			8			4	6
5	8		9	1				2

puzzle 683

	5	3		6		7	2	
		9			7	4		
				5				
	7							
1		2	4		5	6		9
							3	
				8				
		7	2			3		
	6	1		4		2	5	

puzzle 684

	7		2		8			
4		8	3	6				
	3							
3	1				4			5
	4			5			9	
8			9				6	7
							4	
				8	3	2		1
			1		5		7	

puzzle 685

	1		6		9		5	
2				8				1
			4		1			
5		2				9		6
	8						3	
7		4				1		8
			1		5			
8				7				3
	5		8		4		6	

puzzle 686

5	9			1				4
	7	3			8	1		
				6	9			7
	8		4		1		6	
4			7	3				
		1	9			8	4	
3				5			7	2

puzzle 687

2			3		5			8
	7	3		6		1	2	
	8		7		3		6	
		1				9		
	2		5		1		7	
	4	7		1		3	8	
9			4		6			7

puzzle 688

	1		9	8				
5					1	9	3	
			7				4	
6		7					8	
8				1				7
	5					3		9
	9				6			
	4	3	2					5
				9	3		2	

tough

tough

puzzle 689

		9	2					8
				3		2		
6			7		1		3	
9		7				6		
	5						4	
		8				1		3
	9		1		6			5
		5		4				
3					8	7		

puzzle 690

	6						2	
2		3	9	7	1			8
			5				9	
	9					6	7	
	2						5	
	8	1					3	
	1				8			
6			1	5	4	2		7
	7						1	

puzzle 691

5			1		8	4		2
			2			8		
6	2							
7							8	1
			7		5			
1	9							6
							1	9
		9			2			
2		4	6		1			8

puzzle 692

5	8						7	3
		9	8	2	5	4		
		2		8		6		
		8	4		3	1		
		7		5		3		
		6	3	9	2	5		
9	2						6	8

puzzle 693

	9			5			2	
			3		4			
		5		7		8		
	7		1		2		9	
9		8				6		2
	4		5		6		7	
		2		3		1		
			8		5			
	8			1			3	

puzzle 694

			4		9			
	9	2				6	4	
	4		8		7		2	
4		6				5		3
8		9				4		1
	6		1		2		3	
	1	4				7	9	
			9		3			

puzzle 695

	8		7	9		5	4	
	9	3	5			2		
						7	8	
	2		4		8		1	
	4	6						
		8			7	3	9	
	7	5		8	1		6	

puzzle 696

		8					6	
			9	1			7	2
6			3					
	7	5		3				
	6		4		2		1	
				9		4	8	
					3			7
9	8			6	5			
	2					5		

puzzle 697

		8	7	5	3	9		
	1			9			6	
4				1				8
1	5		9		2		7	4
8				6				9
	8			3			5	
		7	1	2	6	4		

puzzle 698

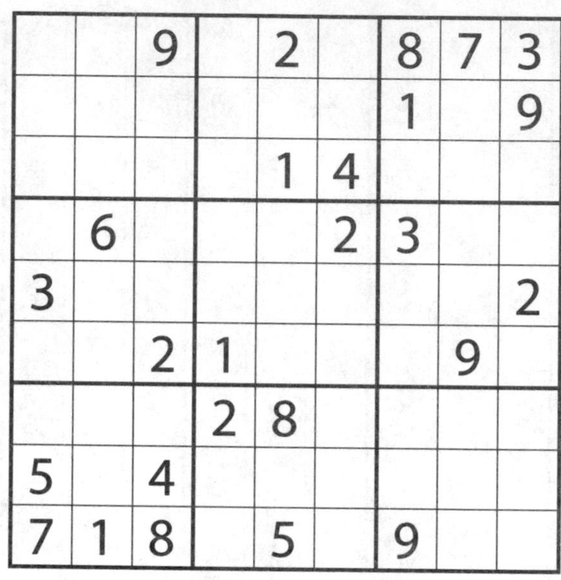

		9		2		8	7	3
						1		9
				1	4			
	6				2	3		
3								2
		2	1				9	
			2	8				
5		4						
7	1	8		5		9		

puzzle 699

	9						2	
	2	8			9	3	7	
7					6			1
	7	2						
			3		8			
						8	6	
1			2					6
	4	3	6			2	8	
	8						4	

puzzle 700

	5		1		6			
3		8		7				
	1		4			5		
9		4						8
	3			4			2	
8						3		6
		1			4		5	
				3		4		9
			5		7		6	

puzzle 701

	9						5	
	7		6	4	1			
					7			
	3			1		2		6
5			9		6			4
8		9		2			7	
			4					
			7	6	8		1	
	2						8	

puzzle 702

	7			3		1		
				2	6			3
1		8		7		4		
	8							
9	5	2				6	7	1
							2	
		1		5		8		7
8			9	6				
		9		8			3	

puzzle 703

8					1			4
	4			2			5	
		7	6			9		
9						1		
	1		8		5		9	
		3						6
		5			4	3		
	2			3			4	
6			9					2

puzzle 704

8					4			6
		7	6			1		
	3			5			9	
1				4			6	
		8		6		4		
	2			1				7
	1			3			7	
		5			2	6		
2			5					8

answer 1

1	2	6	5	4	3
5	3	4	1	2	6
4	5	3	6	1	2
2	6	1	3	5	4
3	1	2	4	6	5
6	4	5	2	3	1

answer 2

5	4	3	2	1	6
2	6	1	3	4	5
4	5	2	6	3	1
3	1	6	5	2	4
1	2	5	4	6	3
6	3	4	1	5	2

answer 3

5	3	1	2	4	6
6	2	4	1	5	3
1	4	6	3	2	5
3	5	2	6	1	4
4	1	3	5	6	2
2	6	5	4	3	1

answer 4

1	4	2	5	3	6
3	5	6	1	2	4
6	2	3	4	5	1
4	1	5	2	6	3
5	3	1	6	4	2
2	6	4	3	1	5

answer 5

4	5	1	2	3	6
6	2	3	5	4	1
1	3	4	6	2	5
5	6	2	3	1	4
2	4	6	1	5	3
3	1	5	4	6	2

answer 6

1	5	3	4	6	2
6	4	2	3	5	1
5	2	6	1	4	3
3	1	4	6	2	5
4	3	5	2	1	6
2	6	1	5	3	4

answer 7

2	3	4	1	6	5
1	5	6	4	2	3
3	1	5	6	4	2
4	6	2	3	5	1
6	2	3	5	1	4
5	4	1	2	3	6

answer 8

3	6	5	2	4	1
4	1	2	3	5	6
5	2	1	6	3	4
6	4	3	1	2	5
1	3	4	5	6	2
2	5	6	4	1	3

answer 9

3	5	6	4	2	1
1	2	4	3	6	5
5	4	1	2	3	6
6	3	2	1	5	4
2	1	5	6	4	3
4	6	3	5	1	2

answer 10

3	2	6	5	1	4
1	4	5	6	3	2
4	3	2	1	6	5
5	6	1	4	2	3
6	5	3	2	4	1
2	1	4	3	5	6

answer 11

4	1	5	6	3	2
3	6	2	4	5	1
2	5	1	3	6	4
6	3	4	2	1	5
1	2	6	5	4	3
5	4	3	1	2	6

answer 12

1	6	5	2	3	4
4	2	3	5	6	1
6	3	2	1	4	5
5	4	1	3	2	6
3	5	4	6	1	2
2	1	6	4	5	3

answer 13

6	5	3	1	2	4
4	1	2	3	5	6
2	3	5	4	6	1
1	4	6	2	3	5
3	6	4	5	1	2
5	2	1	6	4	3

answer 14

6	1	5	3	4	2
3	2	4	1	5	6
5	6	1	2	3	4
4	3	2	5	6	1
2	4	3	6	1	5
1	5	6	4	2	3

answer 15

3	5	1	6	2	4
2	4	6	5	3	1
5	2	4	3	1	6
1	6	3	2	4	5
4	3	5	1	6	2
6	1	2	4	5	3

answer 16

4	1	3	6	2	5
5	6	2	1	4	3
2	4	5	3	6	1
6	3	1	4	5	2
3	2	6	5	1	4
1	5	4	2	3	6

answer 17

2	3	6	1	5	4
5	4	1	6	3	2
1	2	3	5	4	6
4	6	5	2	1	3
3	1	2	4	6	5
6	5	4	3	2	1

answer 18

3	2	1	5	4	6
5	6	4	1	3	2
6	3	2	4	5	1
4	1	5	2	6	3
2	5	3	6	1	4
1	4	6	3	2	5

answer 19

4	3	5	6	1	2
6	2	1	3	4	5
2	5	4	1	6	3
3	1	6	5	2	4
1	4	3	2	5	6
5	6	2	4	3	1

answer 20

4	5	1	3	2	6
3	2	6	1	4	5
1	4	5	6	3	2
2	6	3	5	1	4
6	1	2	4	5	3
5	3	4	2	6	1

answer 21

6	4	3	1	5	2
5	1	2	6	3	4
4	2	1	3	6	5
3	6	5	2	4	1
2	5	6	4	1	3
1	3	4	5	2	6

answer 22

4	6	2	3	5	1
3	5	1	6	2	4
1	4	5	2	3	6
2	3	6	1	4	5
6	2	4	5	1	3
5	1	3	4	6	2

answer 23

4	6	1	3	2	5
2	5	3	6	1	4
1	2	6	4	5	3
5	3	4	1	6	2
3	1	5	2	4	6
6	4	2	5	3	1

answer 24

3	2	4	6	1	5
1	5	6	3	4	2
5	4	1	2	3	6
2	6	3	1	5	4
6	1	5	4	2	3
4	3	2	5	6	1

answer 25

3	6	5	2	1	4
4	1	2	5	3	6
6	5	3	4	2	1
1	2	4	3	6	5
5	3	6	1	4	2
2	4	1	6	5	3

answer 26

3	4	5	1	2	6
1	6	2	3	4	5
5	1	4	2	6	3
6	2	3	5	1	4
2	3	6	4	5	1
4	5	1	6	3	2

answer 27

5	1	4	2	3	6
3	2	6	1	5	4
2	4	5	6	1	3
1	6	3	4	2	5
6	5	2	3	4	1
4	3	1	5	6	2

answer 28

4	6	3	5	2	1
2	1	5	3	4	6
5	2	6	4	1	3
1	3	4	6	5	2
3	4	2	1	6	5
6	5	1	2	3	4

answer 29

6	2	5	3	4	1
4	1	3	6	5	2
2	3	4	5	1	6
5	6	1	2	3	4
3	4	2	1	6	5
1	5	6	4	2	3

answer 30

5	4	3	1	6	2
2	6	1	4	5	3
1	3	4	6	2	5
6	5	2	3	4	1
4	1	5	2	3	6
3	2	6	5	1	4

answer 31

3	5	6	2	1	4
1	4	2	3	6	5
4	2	5	6	3	1
6	3	1	5	4	2
5	1	3	4	2	6
2	6	4	1	5	3

answer 32

3	1	5	4	2	6
4	6	2	3	5	1
5	3	4	1	6	2
1	2	6	5	3	4
2	4	3	6	1	5
6	5	1	2	4	3

answer 33

3	5	2	1	6	4
4	1	6	3	5	2
6	4	5	2	3	1
1	2	3	6	4	5
2	6	4	5	1	3
5	3	1	4	2	6

answer 34

5	4	2	6	1	3
3	6	1	5	4	2
4	3	5	1	2	6
2	1	6	4	3	5
1	5	3	2	6	4
6	2	4	3	5	1

answer 35

2	4	6	1	5	3
5	1	3	6	2	4
1	5	4	3	6	2
6	3	2	4	1	5
3	2	1	5	4	6
4	6	5	2	3	1

answer 36

3	6	1	5	2	4
4	2	5	3	6	1
6	1	3	4	5	2
5	4	2	6	1	3
1	3	6	2	4	5
2	5	4	1	3	6

answer 37

5	4	6	3	2	1
2	3	1	6	5	4
1	2	5	4	3	6
3	6	4	2	1	5
4	1	3	5	6	2
6	5	2	1	4	3

answer 38

3	2	5	1	4	6
1	6	4	3	5	2
5	4	6	2	3	1
2	1	3	4	6	5
4	5	2	6	1	3
6	3	1	5	2	4

answer 39

5	1	3	6	4	2
6	2	4	5	1	3
4	3	2	1	6	5
1	6	5	2	3	4
2	4	6	3	5	1
3	5	1	4	2	6

answer 40

5	1	6	4	3	2
2	3	4	1	5	6
3	5	1	6	2	4
4	6	2	5	1	3
1	4	3	2	6	5
6	2	5	3	4	1

answer 41

4	5	1	3	2	6
3	6	2	5	4	1
6	2	4	1	5	3
1	3	5	2	6	4
2	4	3	6	1	5
5	1	6	4	3	2

answer 42

2	4	5	1	6	3
1	3	6	5	4	2
6	5	3	4	2	1
4	2	1	3	5	6
3	6	4	2	1	5
5	1	2	6	3	4

answer 43

5	1	4	2	6	3
3	2	6	4	5	1
4	3	1	6	2	5
6	5	2	3	1	4
2	4	5	1	3	6
1	6	3	5	4	2

answer 44

1	6	2	3	4	5
5	3	4	1	6	2
4	2	1	5	3	6
3	5	6	4	2	1
2	1	3	6	5	4
6	4	5	2	1	3

answer 45

3	5	4	1	2	6
2	1	6	3	5	4
5	2	1	4	6	3
6	4	3	5	1	2
1	3	2	6	4	5
4	6	5	2	3	1

answer 46

3	4	6	2	5	1
1	2	5	4	3	6
4	5	3	1	6	2
2	6	1	5	4	3
6	1	4	3	2	5
5	3	2	6	1	4

answer 47

4	5	2	6	3	1
6	3	1	4	5	2
5	4	6	2	1	3
1	2	3	5	6	4
2	1	5	3	4	6
3	6	4	1	2	5

answer 48

3	4	5	2	1	6
1	6	2	5	4	3
6	5	3	4	2	1
2	1	4	6	3	5
4	3	6	1	5	2
5	2	1	3	6	4

answer 49

2	1	4	5	6	3
6	5	3	2	4	1
4	3	2	6	1	5
1	6	5	3	2	4
5	4	6	1	3	2
3	2	1	4	5	6

answer 50

5	4	2	1	3	6
6	1	3	5	4	2
1	2	5	3	6	4
3	6	4	2	5	1
2	3	6	4	1	5
4	5	1	6	2	3

answer 51

3	1	4	6	2	5
2	5	6	3	4	1
6	2	5	4	1	3
4	3	1	2	5	6
5	4	3	1	6	2
1	6	2	5	3	4

answer 52

2	1	5	3	6	4
3	6	4	1	5	2
4	3	6	2	1	5
5	2	1	6	4	3
1	4	3	5	2	6
6	5	2	4	3	1

answer 53

1	3	2	5	6	4
4	5	6	3	1	2
3	1	5	4	2	6
2	6	4	1	3	5
5	2	1	6	4	3
6	4	3	2	5	1

answer 54

2	3	4	5	1	6
6	1	5	2	4	3
3	6	1	4	5	2
4	5	2	6	3	1
1	4	6	3	2	5
5	2	3	1	6	4

answer 55

4	1	5	2	3	6
2	6	3	5	1	4
5	3	6	1	4	2
1	4	2	3	6	5
3	2	4	6	5	1
6	5	1	4	2	3

answer 56

2	6	4	3	5	1
3	5	1	6	2	4
5	3	2	1	4	6
4	1	6	5	3	2
1	4	3	2	6	5
6	2	5	4	1	3

answer 57

2	3	1	6	4	5
4	6	5	3	2	1
1	5	3	2	6	4
6	2	4	1	5	3
5	1	6	4	3	2
3	4	2	5	1	6

answer 58

6	1	3	5	4	2
4	2	5	1	3	6
1	3	4	2	6	5
5	6	2	3	1	4
2	4	1	6	5	3
3	5	6	4	2	1

answer 59

4	1	5	3	6	2
2	6	3	1	4	5
1	5	4	6	2	3
6	3	2	4	5	1
3	2	6	5	1	4
5	4	1	2	3	6

answer 60

6	4	5	2	3	1
3	2	1	6	5	4
5	6	2	4	1	3
4	1	3	5	2	6
2	3	6	1	4	5
1	5	4	3	6	2

answer 61

6	3	4	2	5	1
1	5	2	4	3	6
4	6	3	1	2	5
2	1	5	3	6	4
3	4	6	5	1	2
5	2	1	6	4	3

answer 62

2	4	1	5	3	6
5	6	3	2	1	4
6	1	4	3	5	2
3	2	5	4	6	1
4	5	6	1	2	3
1	3	2	6	4	5

answer 63

5	3	4	2	1	6
2	1	6	4	3	5
4	5	3	1	6	2
1	6	2	5	4	3
6	4	5	3	2	1
3	2	1	6	5	4

answer 64

4	2	5	1	3	6
1	6	3	4	5	2
3	4	6	2	1	5
2	5	1	6	4	3
5	1	2	3	6	4
6	3	4	5	2	1

answer 65

4	3	2	6	5	1
6	5	1	3	2	4
1	4	5	2	6	3
2	6	3	4	1	5
3	1	6	5	4	2
5	2	4	1	3	6

answer 66

2	4	5	1	3	6
1	6	3	5	2	4
6	5	1	3	4	2
3	2	4	6	5	1
4	3	6	2	1	5
5	1	2	4	6	3

answer 67

5	3	4	2	6	1
6	1	2	4	5	3
4	6	3	5	1	2
1	2	5	6	3	4
3	4	6	1	2	5
2	5	1	3	4	6

answer 68

3	5	6	4	2	1
4	1	2	5	3	6
6	4	5	2	1	3
1	2	3	6	5	4
5	6	1	3	4	2
2	3	4	1	6	5

answer 69

2	6	5	3	1	4
1	4	3	6	5	2
6	3	4	5	2	1
5	2	1	4	6	3
4	5	2	1	3	6
3	1	6	2	4	5

answer 70

5	4	3	6	2	1
2	6	1	5	3	4
4	5	2	3	1	6
3	1	6	2	4	5
1	2	5	4	6	3
6	3	4	1	5	2

answer 71

4	3	5	6	1	2
1	2	6	4	3	5
6	5	4	3	2	1
2	1	3	5	6	4
3	4	2	1	5	6
5	6	1	2	4	3

answer 72

3	6	5	4	1	2
4	1	2	6	5	3
5	4	3	2	6	1
6	2	1	5	3	4
2	3	6	1	4	5
1	5	4	3	2	6

answer 73

2	3	6	1	5	4
5	1	4	2	6	3
3	6	2	4	1	5
1	4	5	3	2	6
4	5	1	6	3	2
6	2	3	5	4	1

answer 74

5	4	1	6	2	3
2	3	6	4	5	1
6	2	5	1	3	4
3	1	4	5	6	2
4	5	3	2	1	6
1	6	2	3	4	5

answer 75

4	5	2	6	1	3
3	6	1	2	4	5
2	4	5	1	3	6
6	1	3	5	2	4
1	3	6	4	5	2
5	2	4	3	6	1

answer 76

3	1	5	4	6	2
4	6	2	3	5	1
6	2	3	1	4	5
1	5	4	2	3	6
2	4	6	5	1	3
5	3	1	6	2	4

answer 77

2	4	1	6	3	5
3	5	6	1	2	4
5	2	4	3	1	6
6	1	3	5	4	2
4	3	5	2	6	1
1	6	2	4	5	3

answer 78

6	2	4	5	3	1
5	3	1	2	6	4
3	6	5	1	4	2
4	1	2	3	5	6
2	4	3	6	1	5
1	5	6	4	2	3

answer 79

1	6	4	5	3	2
3	5	2	1	6	4
6	4	1	2	5	3
2	3	5	6	4	1
4	1	6	3	2	5
5	2	3	4	1	6

answer 80

5	4	2	3	6	1
1	3	6	4	2	5
2	1	5	6	3	4
3	6	4	1	5	2
6	5	1	2	4	3
4	2	3	5	1	6

answer 81

4	5	1	6	3	2
6	3	2	1	4	5
1	4	5	2	6	3
3	2	6	5	1	4
5	1	3	4	2	6
2	6	4	3	5	1

answer 82

2	6	1	4	5	3
4	3	5	6	1	2
3	5	4	2	6	1
1	2	6	5	3	4
6	1	2	3	4	5
5	4	3	1	2	6

answer 83

1	2	4	5	3	6
6	5	3	1	2	4
4	1	2	6	5	3
3	6	5	2	4	1
5	4	1	3	6	2
2	3	6	4	1	5

answer 84

5	3	1	4	6	2
6	2	4	1	5	3
1	6	2	3	4	5
3	4	5	2	1	6
2	1	6	5	3	4
4	5	3	6	2	1

answer 85

6	2	5	4	3	1
3	1	4	6	5	2
5	4	2	3	1	6
1	3	6	2	4	5
2	5	3	1	6	4
4	6	1	5	2	3

answer 86

2	3	5	6	1	4
1	4	6	3	2	5
3	5	1	4	6	2
6	2	4	5	3	1
5	6	2	1	4	3
4	1	3	2	5	6

answer 87

4	2	1	6	3	5
5	3	6	4	2	1
6	5	4	2	1	3
2	1	3	5	6	4
1	4	2	3	5	6
3	6	5	1	4	2

answer 88

5	1	6	2	4	3
3	2	4	6	1	5
2	5	3	4	6	1
6	4	1	5	3	2
1	6	5	3	2	4
4	3	2	1	5	6

answer 89

4	6	5	3	2	1
3	1	2	5	4	6
5	3	4	1	6	2
1	2	6	4	3	5
2	5	3	6	1	4
6	4	1	2	5	3

answer 90

2	5	6	3	4	1
3	4	1	2	6	5
4	1	2	6	5	3
5	6	3	4	1	2
6	2	5	1	3	4
1	3	4	5	2	6

answer 91

6	1	2	4	3	5
4	5	3	1	6	2
1	3	5	2	4	6
2	4	6	5	1	3
3	2	4	6	5	1
5	6	1	3	2	4

answer 92

6	5	1	2	3	4
2	4	3	5	6	1
3	1	5	6	4	2
4	2	6	3	1	5
1	6	2	4	5	3
5	3	4	1	2	6

answer 93

5	2	3	4	6	1
1	6	4	3	2	5
2	4	5	1	3	6
3	1	6	5	4	2
4	5	2	6	1	3
6	3	1	2	5	4

answer 94

5	6	1	2	4	3
4	2	3	5	1	6
6	1	2	4	3	5
3	4	5	1	6	2
1	5	6	3	2	4
2	3	4	6	5	1

answer 95

2	1	6	4	3	5
3	5	4	6	1	2
5	4	1	2	6	3
6	3	2	5	4	1
4	2	3	1	5	6
1	6	5	3	2	4

answer 96

6	2	4	1	5	3
3	5	1	4	6	2
2	3	5	6	1	4
1	4	6	2	3	5
5	6	2	3	4	1
4	1	3	5	2	6

answer 97

5	4	1	3	6	2
3	6	2	4	1	5
6	2	3	1	5	4
4	1	5	2	3	6
1	5	4	6	2	3
2	3	6	5	4	1

answer 98

6	5	1	4	3	2
2	4	3	5	6	1
1	6	5	3	2	4
4	3	2	1	5	6
5	1	6	2	4	3
3	2	4	6	1	5

answer 99

3	6	4	2	5	1
2	1	5	6	3	4
4	2	1	3	6	5
5	3	6	1	4	2
1	4	3	5	2	6
6	5	2	4	1	3

answer 100

4	1	3	6	5	2
[illegible]	2	6	1	4	3
6	5	4	3	2	1
1	3	2	5	6	4
3	4	5	2	1	6
2	6	1	4	3	5

answer 101

2	1	5	6	3	4
6	4	3	1	5	2
1	5	4	3	2	6
3	2	6	4	1	5
5	6	1	2	4	3
4	3	2	5	6	1

answer 102

6	2	4	3	1	5
1	3	5	6	4	2
2	4	1	5	6	3
5	6	3	4	2	1
4	5	2	1	3	6
3	1	6	2	5	4

answer 103

1	6	4	3	2	5
3	5	2	4	6	1
2	4	3	5	1	6
6	1	5	2	3	4
5	3	1	6	4	2
4	2	6	1	5	3

answer 104

6	5	4	2	3	1
1	3	2	6	4	5
4	2	3	5	1	6
5	6	1	4	2	3
3	4	6	1	5	2
2	1	5	3	6	4

answer 105

1	3	2	5	4	6
5	6	4	2	1	3
6	4	3	1	2	5
2	1	5	6	3	4
3	5	1	4	6	2
4	2	6	3	5	1

answer 106

6	5	4	1	3	2
2	3	1	5	6	4
1	4	5	3	2	6
3	6	2	4	1	5
5	1	6	2	4	3
4	2	3	6	5	1

answer 107

4	1	6	5	2	3
2	3	5	6	1	4
5	4	2	3	6	1
3	6	1	4	5	2
1	5	4	2	3	6
6	2	3	1	4	5

answer 108

6	5	1	4	2	3
2	3	4	1	6	5
4	6	3	5	1	2
1	2	5	6	3	4
5	1	2	3	4	6
3	4	6	2	5	1

answer 109

1	4	2	5	3	6
6	5	3	2	1	4
3	6	1	4	2	5
4	2	5	3	6	1
2	1	4	6	5	3
5	3	6	1	4	2

answer 110

3	1	6	4	2	5
2	5	4	1	3	6
6	2	5	3	4	1
4	3	1	5	6	2
1	6	3	2	5	4
5	4	2	6	1	3

answer 111

6	5	1	3	2	4
4	2	3	1	6	5
5	3	4	2	1	6
1	6	2	5	4	3
2	4	5	6	3	1
3	1	6	4	5	2

answer 112

4	5	3	6	1	2
6	1	2	4	3	5
1	2	6	3	5	4
5	3	4	1	2	6
3	6	5	2	4	1
2	4	1	5	6	3

answer 113

1	5	4	2	3	6
3	2	6	5	4	1
6	4	1	3	5	2
5	3	2	6	1	4
2	1	3	4	6	5
4	6	5	1	2	3

answer 114

1	3	5	6	4	2
2	6	4	1	3	5
3	1	6	2	5	4
5	4	2	3	6	1
4	2	3	5	1	6
6	5	1	4	2	3

answer 115

2	6	4	1	3	5
3	1	5	6	4	2
4	3	6	2	5	1
5	2	1	4	6	3
1	4	3	5	2	6
6	5	2	3	1	4

answer 116

6	1	3	5	2	4
5	4	2	6	3	1
4	2	5	1	6	3
3	6	1	4	5	2
1	3	6	2	4	5
2	5	4	3	1	6

answer 117

4	3	5	1	6	2
2	1	6	5	3	4
5	2	3	6	4	1
6	4	1	2	5	3
1	5	4	3	2	6
3	6	2	4	1	5

answer 118

3	5	4	1	2	6
6	2	1	5	3	4
4	1	2	3	6	5
5	3	6	2	4	1
2	4	5	6	1	3
1	6	3	4	5	2

answer 119

5	2	6	4	3	1
4	1	3	6	5	2
3	5	4	2	1	6
2	6	1	5	4	3
6	3	5	1	2	4
1	4	2	3	6	5

answer 120

4	1	3	6	5	2
6	5	2	4	3	1
2	3	4	1	6	5
1	6	5	2	4	3
5	4	1	3	2	6
3	2	6	5	1	4

answer 121

2	3	6	5	4	1
5	4	1	2	3	6
4	6	5	1	2	3
3	1	2	4	6	5
1	2	3	6	5	4
6	5	4	3	1	2

answer 122

1	5	4	3	2	6
2	3	6	4	1	5
5	4	1	6	3	2
3	6	2	1	5	4
6	2	3	5	4	1
4	1	5	2	6	3

answer 123

3	1	2	4	6	5
4	5	6	1	2	3
5	4	3	6	1	2
2	6	1	3	5	4
6	3	5	2	4	1
1	2	4	5	3	6

answer 124

3	6	4	5	2	1
1	5	2	3	4	6
6	2	1	4	5	3
5	4	3	1	6	2
4	3	6	2	1	5
2	1	5	6	3	4

answer 125

5	4	3	2	1	6
6	2	1	5	3	4
4	3	5	1	6	2
2	1	6	3	4	5
3	6	2	4	5	1
1	5	4	6	2	3

answer 126

5	6	2	1	3	4
1	4	3	2	5	6
6	2	1	5	4	3
4	3	5	6	1	2
2	5	4	3	6	1
3	1	6	4	2	5

answer 127

1	6	4	5	2	3
3	2	5	1	4	6
4	5	3	2	6	1
2	1	6	4	3	5
5	3	2	6	1	4
6	4	1	3	5	2

answer 128

5	3	4	2	6	1
6	1	2	4	5	3
1	2	3	5	4	6
4	5	6	1	3	2
3	4	1	6	2	5
2	6	5	3	1	4

answer 129

5	2	4	6	1	3
3	1	6	4	5	2
6	4	5	3	2	1
1	3	2	5	6	4
2	5	3	1	4	6
4	6	1	2	3	5

answer 130

2	1	3	6	4	5
4	6	5	3	2	1
1	2	4	5	6	3
3	5	6	2	1	4
6	3	1	4	5	2
5	4	2	1	3	6

answer 131

4	1	3	5	6	2
5	2	6	3	4	1
6	4	5	2	1	3
1	3	2	6	5	4
2	6	4	1	3	5
3	5	1	4	2	6

answer 132

1	6	3	2	5	4
4	2	5	3	1	6
2	5	6	1	4	3
3	1	4	6	2	5
6	4	2	5	3	1
5	3	1	4	6	2

answer 133

8	9	3	6	5	7	1	4	2
1	5	4	3	8	2	6	9	7
2	6	7	4	1	9	3	8	5
4	3	2	1	7	8	5	6	9
7	8	9	5	4	6	2	1	3
5	1	6	2	9	3	4	7	8
3	7	1	9	2	4	8	5	6
6	4	8	7	3	5	9	2	1
9	2	5	8	6	1	7	3	4

answer 134

9	1	8	6	2	7	3	4	5
4	2	7	5	3	1	9	8	6
6	5	3	4	8	9	7	1	2
3	6	5	1	4	2	8	7	9
8	7	4	3	9	5	2	6	1
2	9	1	8	7	6	4	5	3
1	4	2	7	6	3	5	9	8
7	3	6	9	5	8	1	2	4
5	8	9	2	1	4	6	3	7

answer 135

8	6	1	5	4	2	9	7	3
2	5	3	7	9	6	4	1	8
9	4	7	1	8	3	5	6	2
5	3	4	8	2	1	7	9	6
7	8	2	4	6	9	3	5	1
1	9	6	3	5	7	8	2	4
4	2	8	9	1	5	6	3	7
6	7	5	2	3	8	1	4	9
3	1	9	6	7	4	2	8	5

answer 136

7	4	6	5	2	9	3	1	8
9	3	8	1	7	6	4	5	2
2	5	1	3	4	8	6	7	9
3	2	4	8	9	1	5	6	7
8	1	5	7	6	4	9	2	3
6	9	7	2	5	3	8	4	1
5	8	9	6	1	2	7	3	4
4	6	2	9	3	7	1	8	5
1	7	3	4	8	5	2	9	6

answer 137

7	4	5	3	1	2	8	6	9
1	6	9	7	5	8	4	3	2
8	2	3	4	6	9	5	1	7
2	8	7	9	3	4	6	5	1
3	5	4	6	2	1	9	7	8
6	9	1	8	7	5	3	2	4
4	1	6	2	8	3	7	9	5
5	7	8	1	9	6	2	4	3
9	3	2	5	4	7	1	8	6

answer 138

3	8	7	6	5	9	4	1	2
4	5	2	1	7	3	6	8	9
6	9	1	8	2	4	3	5	7
9	1	8	4	3	7	5	2	6
5	7	4	9	6	2	1	3	8
2	6	3	5	1	8	9	7	4
8	3	9	2	4	1	7	6	5
1	4	6	7	8	5	2	9	3
7	2	5	3	9	6	8	4	1

answer 139

7	2	9	1	8	4	6	5	3
3	5	8	6	9	7	2	1	4
1	6	4	5	3	2	8	9	7
8	9	7	3	1	5	4	6	2
6	3	1	4	2	8	9	7	5
5	4	2	7	6	9	3	8	1
4	8	3	9	5	1	7	2	6
9	1	6	2	7	3	5	4	8
2	7	5	8	4	6	1	3	9

answer 140

5	8	4	2	3	7	1	9	6
1	9	7	6	5	8	4	3	2
6	3	2	1	4	9	7	5	8
3	4	6	9	2	5	8	1	7
2	7	5	8	1	6	9	4	3
8	1	9	4	7	3	2	6	5
7	2	1	5	6	4	3	8	9
9	5	3	7	8	1	6	2	4
4	6	8	3	9	2	5	7	1

answer 141

6	1	8	4	2	7	3	9	5
9	5	3	8	1	6	2	4	7
4	2	7	5	3	9	1	8	6
2	6	5	3	9	8	4	7	1
7	3	4	2	6	1	9	5	8
8	9	1	7	5	4	6	2	3
3	7	9	6	8	2	5	1	4
5	8	2	1	4	3	7	6	9
1	4	6	9	7	5	8	3	2

answer 142

4	5	9	8	3	6	2	1	7
8	1	7	5	4	2	9	3	6
3	2	6	1	7	9	4	5	8
5	6	8	2	1	7	3	4	9
7	3	1	9	5	4	8	6	2
9	4	2	3	6	8	5	7	1
1	8	5	6	9	3	7	2	4
2	7	3	4	8	1	6	9	5
6	9	4	7	2	5	1	8	3

answer 143

7	1	4	5	6	2	3	8	9
8	6	9	1	7	3	4	5	2
2	3	5	9	8	4	7	1	6
9	2	8	4	3	7	5	6	1
3	7	6	2	5	1	9	4	8
5	4	1	6	9	8	2	3	7
1	5	7	8	4	9	6	2	3
4	8	3	7	2	6	1	9	5
6	9	2	3	1	5	8	7	4

answer 144

9	5	6	8	2	4	7	3	1
8	1	3	9	5	7	6	4	2
2	4	7	3	1	6	9	8	5
7	3	9	4	8	1	2	5	6
4	2	8	6	7	5	3	1	9
5	6	1	2	9	3	8	7	4
3	9	2	5	4	8	1	6	7
6	7	5	1	3	2	4	9	8
1	8	4	7	6	9	5	2	3

answer 145

3	1	5	8	2	7	6	9	4
7	8	9	4	6	5	2	1	3
2	4	6	9	3	1	8	7	5
6	3	2	7	8	4	9	5	1
5	7	8	6	1	9	4	3	2
4	9	1	3	5	2	7	8	6
1	6	3	2	9	8	5	4	7
8	5	7	1	4	6	3	2	9
9	2	4	5	7	3	1	6	8

answer 146

4	1	6	3	5	7	2	8	9
9	5	3	4	2	8	1	7	6
2	8	7	6	1	9	5	3	4
5	7	1	9	8	4	6	2	3
3	9	4	2	7	6	8	5	1
8	6	2	5	3	1	9	4	7
1	4	5	7	9	2	3	6	8
7	3	8	1	6	5	4	9	2
6	2	9	8	4	3	7	1	5

answer 147

3	7	2	6	1	4	9	5	8
6	8	9	7	3	5	2	4	1
1	4	5	2	9	8	6	7	3
2	3	8	5	6	1	7	9	4
9	5	4	8	2	7	1	3	6
7	6	1	9	4	3	5	8	2
5	1	3	4	7	6	8	2	9
4	9	7	1	8	2	3	6	5
8	2	6	3	5	9	4	1	7

answer 148

5	1	3	2	9	4	8	6	7
6	2	8	3	7	5	9	4	1
7	4	9	8	6	1	3	2	5
8	7	1	9	4	3	6	5	2
9	6	5	7	2	8	1	3	4
2	3	4	5	1	6	7	8	9
4	8	2	1	3	9	5	7	6
3	9	7	6	5	2	4	1	8
1	5	6	4	8	7	2	9	3

answer 149

6	2	4	1	5	9	8	3	7
3	9	1	7	8	4	2	6	5
8	7	5	3	2	6	1	9	4
2	5	3	4	6	7	9	8	1
1	6	8	5	9	2	7	4	3
7	4	9	8	1	3	5	2	6
5	3	6	2	7	8	4	1	9
4	1	2	9	3	5	6	7	8
9	8	7	6	4	1	3	5	2

answer 150

1	3	6	5	8	7	9	4	2
5	7	9	2	4	6	8	1	3
8	2	4	3	9	1	7	6	5
4	6	7	8	2	5	1	3	9
3	1	8	6	7	9	2	5	4
2	9	5	1	3	4	6	7	8
7	8	2	4	6	3	5	9	1
6	4	1	9	5	2	3	8	7
9	5	3	7	1	8	4	2	6

answer 151

7	8	6	1	5	3	2	4	9
9	4	3	6	8	2	5	7	1
2	5	1	4	7	9	8	3	6
5	7	2	9	3	4	1	6	8
4	1	8	7	2	6	3	9	5
3	6	9	8	1	5	4	2	7
8	3	4	5	6	7	9	1	2
6	2	5	3	9	1	7	8	4
1	9	7	2	4	8	6	5	3

answer 152

2	6	3	5	9	7	1	4	8
5	9	7	1	8	4	6	3	2
4	1	8	3	6	2	7	5	9
1	4	9	7	2	8	3	6	5
3	5	2	6	1	9	8	7	4
7	8	6	4	3	5	9	2	1
8	7	5	9	4	3	2	1	6
9	3	1	2	5	6	4	8	7
6	2	4	8	7	1	5	9	3

answer 153

2	9	7	6	3	1	8	5	4
8	5	1	9	7	4	3	2	6
3	4	6	5	2	8	9	1	7
6	3	9	1	8	2	4	7	5
4	1	8	7	6	5	2	9	3
7	2	5	3	4	9	6	8	1
9	8	3	4	1	7	5	6	2
1	6	2	8	5	3	7	4	9
5	7	4	2	9	6	1	3	8

answer 154

2	1	3	8	6	4	9	7	5
5	8	7	9	1	3	2	6	4
9	6	4	2	5	7	3	8	1
7	4	1	6	9	2	5	3	8
6	3	2	5	7	8	1	4	9
8	9	5	4	3	1	6	2	7
3	5	6	7	4	9	8	1	2
4	2	9	1	8	6	7	5	3
1	7	8	3	2	5	4	9	6

answer 155

2	4	9	8	5	6	3	1	7
5	1	8	7	4	3	6	2	9
3	6	7	1	2	9	4	5	8
9	8	6	4	1	7	2	3	5
1	2	4	5	3	8	9	7	6
7	3	5	6	9	2	8	4	1
4	7	3	9	6	5	1	8	2
6	5	1	2	8	4	7	9	3
8	9	2	3	7	1	5	6	4

answer 156

6	8	7	2	4	5	3	1	9
9	1	2	8	3	6	4	7	5
4	5	3	9	7	1	2	8	6
3	4	5	7	1	8	9	6	2
1	6	8	5	2	9	7	3	4
2	7	9	3	6	4	1	5	8
5	3	1	6	9	2	8	4	7
8	9	4	1	5	7	6	2	3
7	2	6	4	8	3	5	9	1

answer 157

8	6	2	1	4	9	3	7	5
9	4	3	7	5	2	1	8	6
1	5	7	8	6	3	2	9	4
6	2	4	3	9	7	8	5	1
5	7	1	6	2	8	4	3	9
3	9	8	5	1	4	6	2	7
2	1	6	9	3	5	7	4	8
4	8	9	2	7	6	5	1	3
7	3	5	4	8	1	9	6	2

answer 158

1	6	4	3	2	8	7	5	9
3	7	5	4	6	9	1	8	2
9	2	8	1	5	7	4	3	6
6	4	7	5	8	3	9	2	1
5	9	1	2	7	4	3	6	8
2	8	3	9	1	6	5	7	4
4	1	2	6	3	5	8	9	7
8	3	9	7	4	2	6	1	5
7	5	6	8	9	1	2	4	3

answer 159

7	8	3	6	9	2	1	4	5
1	6	4	5	3	8	7	9	2
2	5	9	1	7	4	8	3	6
5	9	7	4	2	1	6	8	3
6	4	2	3	8	7	5	1	9
8	3	1	9	5	6	2	7	4
9	1	5	8	6	3	4	2	7
4	2	6	7	1	9	3	5	8
3	7	8	2	4	5	9	6	1

answer 160

7	8	3	5	9	6	4	2	1
5	6	2	4	3	1	7	9	8
1	4	9	8	7	2	6	5	3
2	1	7	9	6	8	3	4	5
8	3	4	1	5	7	9	6	2
6	9	5	2	4	3	8	1	7
3	2	8	6	1	4	5	7	9
4	5	1	7	8	9	2	3	6
9	7	6	3	2	5	1	8	4

answer 161

6	3	1	2	7	9	8	4	5
5	9	4	8	3	1	2	7	6
8	7	2	6	4	5	9	1	3
9	4	3	7	8	6	1	5	2
2	5	8	1	9	3	7	6	4
1	6	7	4	5	2	3	9	8
4	8	9	3	6	7	5	2	1
3	2	5	9	1	4	6	8	7
7	1	6	5	2	8	4	3	9

answer 162

9	8	1	5	2	3	4	6	7
6	5	3	4	7	8	1	9	2
4	2	7	9	1	6	3	5	8
2	3	5	6	8	1	7	4	9
7	1	4	2	9	5	8	3	6
8	6	9	3	4	7	5	2	1
3	4	8	7	6	9	2	1	5
5	7	6	1	3	2	9	8	4
1	9	2	8	5	4	6	7	3

answer 163

6	3	1	5	8	9	2	7	4
8	5	4	2	7	3	1	9	6
9	2	7	1	6	4	5	8	3
5	8	6	7	1	2	3	4	9
2	7	3	4	9	6	8	5	1
4	1	9	8	3	5	7	6	2
1	6	2	9	5	7	4	3	8
7	9	8	3	4	1	6	2	5
3	4	5	6	2	8	9	1	7

answer 164

1	2	7	6	8	3	9	4	5
6	3	5	9	4	2	7	1	8
8	4	9	1	5	7	2	6	3
2	8	6	5	3	4	1	9	7
9	5	4	7	6	1	8	3	2
7	1	3	2	9	8	6	5	4
4	9	1	8	2	5	3	7	6
3	6	2	4	7	9	5	8	1
5	7	8	3	1	6	4	2	9

answer 165

8	3	6	1	7	5	9	4	2
9	2	7	3	4	6	5	1	8
1	5	4	8	9	2	7	3	6
6	9	8	4	5	7	1	2	3
3	7	2	9	6	1	4	8	5
4	1	5	2	3	8	6	9	7
7	8	3	6	1	9	2	5	4
2	6	9	5	8	4	3	7	1
5	4	1	7	2	3	8	6	9

answer 166

8	7	5	9	6	1	2	3	4
6	4	9	3	8	2	5	7	1
2	1	3	7	5	4	8	9	6
4	6	7	1	9	5	3	2	8
5	3	8	6	2	7	1	4	9
9	2	1	8	4	3	6	5	7
7	8	6	5	3	9	4	1	2
1	5	4	2	7	6	9	8	3
3	9	2	4	1	8	7	6	5

answer 167

1	7	5	2	9	8	6	3	4
9	2	3	6	4	7	5	8	1
6	4	8	3	1	5	7	9	2
8	3	1	9	5	2	4	7	6
2	6	9	4	7	3	8	1	5
7	5	4	8	6	1	9	2	3
4	1	6	7	2	9	3	5	8
5	8	7	1	3	4	2	6	9
3	9	2	5	8	6	1	4	7

answer 168

2	9	5	8	7	4	1	6	3
6	8	1	3	5	9	2	4	7
4	7	3	2	1	6	8	9	5
8	1	4	5	3	2	6	7	9
9	6	2	7	4	1	3	5	8
3	5	7	6	9	8	4	1	2
5	4	9	1	8	3	7	2	6
1	3	6	9	2	7	5	8	4
7	2	8	4	6	5	9	3	1

answer 169

2	7	8	4	3	5	9	6	1
6	5	9	8	1	2	3	7	4
3	4	1	7	6	9	5	8	2
9	1	3	6	4	7	2	5	8
8	6	4	5	2	3	1	9	7
5	2	7	1	9	8	4	3	6
7	9	2	3	8	1	6	4	5
1	8	6	9	5	4	7	2	3
4	3	5	2	7	6	8	1	9

answer 170

3	9	8	4	6	1	7	2	5
1	4	2	7	5	8	6	3	9
6	7	5	9	3	2	8	1	4
9	5	6	3	8	7	2	4	1
7	1	4	6	2	5	9	8	3
2	8	3	1	4	9	5	6	7
4	6	9	2	7	3	1	5	8
8	3	7	5	1	6	4	9	2
5	2	1	8	9	4	3	7	6

answer 171

6	7	3	5	2	4	8	9	1
4	2	1	9	6	8	3	5	7
8	5	9	3	1	7	2	6	4
5	1	6	8	9	2	7	4	3
2	3	8	7	4	5	9	1	6
9	4	7	6	3	1	5	2	8
7	6	2	4	5	3	1	8	9
1	8	4	2	7	9	6	3	5
3	9	5	1	8	6	4	7	2

answer 172

5	7	9	3	1	6	2	4	8
2	8	6	9	4	5	3	7	1
3	4	1	8	2	7	9	5	6
4	6	8	5	7	3	1	2	9
1	9	5	2	6	4	8	3	7
7	3	2	1	9	8	4	6	5
9	5	7	4	3	1	6	8	2
8	1	3	6	5	2	7	9	4
6	2	4	7	8	9	5	1	3

answer 173

2	4	6	8	7	3	9	5	1
8	9	3	1	5	4	7	6	2
1	5	7	9	2	6	4	8	3
7	3	2	6	4	5	8	1	9
6	1	5	7	8	9	3	2	4
4	8	9	3	1	2	6	7	5
5	2	8	4	3	7	1	9	6
9	7	4	5	6	1	2	3	8
3	6	1	2	9	8	5	4	7

answer 174

9	1	5	2	7	6	8	4	3
2	6	8	4	1	3	7	5	9
3	7	4	8	5	9	6	1	2
8	2	6	7	3	1	4	9	5
7	4	1	5	9	2	3	8	6
5	3	9	6	8	4	2	7	1
1	9	7	3	2	8	5	6	4
4	5	2	9	6	7	1	3	8
6	8	3	1	4	5	9	2	7

answer 175

7	8	3	2	6	9	5	1	4
6	1	5	3	8	4	7	9	2
9	2	4	7	1	5	8	3	6
8	6	7	1	4	3	9	2	5
1	5	2	6	9	8	3	4	7
4	3	9	5	7	2	1	6	8
3	9	8	4	5	6	2	7	1
2	4	1	8	3	7	6	5	9
5	7	6	9	2	1	4	8	3

answer 176

7	2	4	5	6	9	8	1	3
8	3	9	1	4	7	2	6	5
5	6	1	2	8	3	9	4	7
6	1	7	4	9	8	5	3	2
4	9	8	3	5	2	6	7	1
3	5	2	7	1	6	4	8	9
9	7	5	6	3	4	1	2	8
2	8	6	9	7	1	3	5	4
1	4	3	8	2	5	7	9	6

answer 177

5	1	3	4	9	6	8	2	7
6	2	8	3	7	5	1	4	9
4	9	7	1	8	2	5	3	6
9	8	6	2	3	7	4	5	1
3	7	4	5	1	9	6	8	2
1	5	2	8	6	4	7	9	3
2	6	9	7	5	8	3	1	4
8	4	1	6	2	3	9	7	5
7	3	5	9	4	1	2	6	8

answer 178

1	5	2	8	6	3	4	9	7
7	3	6	5	9	4	1	2	8
4	8	9	2	7	1	3	5	6
2	6	4	9	1	5	7	8	3
9	7	3	6	8	2	5	1	4
5	1	8	4	3	7	2	6	9
6	2	1	3	4	8	9	7	5
3	9	5	7	2	6	8	4	1
8	4	7	1	5	9	6	3	2

answer 179

7	6	8	4	5	1	2	9	3
3	1	5	2	9	6	7	8	4
2	4	9	7	8	3	6	1	5
1	5	2	6	7	8	3	4	9
9	8	3	1	2	4	5	6	7
6	7	4	5	3	9	1	2	8
5	9	6	3	4	2	8	7	1
4	2	7	8	1	5	9	3	6
8	3	1	9	6	7	4	5	2

answer 180

8	3	9	1	5	4	2	7	6
2	5	4	7	9	6	3	8	1
7	1	6	2	8	3	9	4	5
4	8	1	9	3	2	6	5	7
3	2	7	6	1	5	4	9	8
9	6	5	4	7	8	1	3	2
1	9	8	3	2	7	5	6	4
6	7	3	5	4	1	8	2	9
5	4	2	8	6	9	7	1	3

answer 181

8	9	2	6	5	7	4	3	1
6	3	1	2	9	4	5	7	8
5	4	7	3	1	8	9	2	6
9	7	4	5	3	6	1	8	2
1	2	8	7	4	9	3	6	5
3	5	6	1	8	2	7	9	4
7	8	9	4	2	1	6	5	3
2	1	3	9	6	5	8	4	7
4	6	5	8	7	3	2	1	9

answer 182

4	2	5	1	7	3	8	9	6
1	6	3	5	8	9	7	2	4
8	7	9	2	4	6	3	1	5
2	3	6	9	5	8	1	4	7
5	9	4	6	1	7	2	3	8
7	8	1	4	3	2	5	6	9
3	1	8	7	6	4	9	5	2
6	5	2	8	9	1	4	7	3
9	4	7	3	2	5	6	8	1

answer 183

7	2	6	9	3	5	1	8	4
4	3	8	1	2	7	5	6	9
1	9	5	8	6	4	7	3	2
9	6	3	5	1	8	4	2	7
8	7	2	3	4	9	6	1	5
5	1	4	6	7	2	8	9	3
6	5	7	2	8	3	9	4	1
3	8	9	4	5	1	2	7	6
2	4	1	7	9	6	3	5	8

answer 184

9	3	5	2	4	6	1	8	7
1	2	6	7	8	5	9	3	4
4	8	7	9	3	1	6	2	5
3	5	8	6	9	7	4	1	2
7	1	2	3	5	4	8	9	6
6	9	4	1	2	8	5	7	3
8	6	1	4	7	2	3	5	9
2	4	9	5	1	3	7	6	8
5	7	3	8	6	9	2	4	1

answer 185

2	3	6	4	8	9	7	5	1
7	9	5	6	1	3	2	4	8
8	1	4	5	2	7	6	9	3
5	4	2	3	7	6	1	8	9
3	6	8	1	9	4	5	7	2
9	7	1	2	5	8	3	6	4
6	2	9	7	4	1	8	3	5
4	5	7	8	3	2	9	1	6
1	8	3	9	6	5	4	2	7

answer 186

7	2	8	1	6	9	4	5	3
9	4	1	3	5	7	6	2	8
5	3	6	8	4	2	1	7	9
2	5	7	4	8	3	9	1	6
6	1	4	2	9	5	3	8	7
8	9	3	7	1	6	2	4	5
4	6	9	5	2	8	7	3	1
3	8	2	9	7	1	5	6	4
1	7	5	6	3	4	8	9	2

answer 187

7	6	5	1	9	4	2	3	8
8	9	2	5	3	7	4	6	1
1	3	4	2	8	6	9	5	7
6	5	1	9	4	8	3	7	2
2	7	3	6	5	1	8	4	9
4	8	9	3	7	2	6	1	5
9	1	7	8	6	3	5	2	4
3	2	8	4	1	5	7	9	6
5	4	6	7	2	9	1	8	3

answer 188

6	2	3	8	1	7	5	4	9
4	5	7	9	3	6	1	2	8
8	9	1	5	4	2	6	7	3
7	1	2	6	8	4	3	9	5
9	3	8	2	7	5	4	1	6
5	6	4	1	9	3	2	8	7
2	8	9	3	6	1	7	5	4
1	7	6	4	5	8	9	3	2
3	4	5	7	2	9	8	6	1

answer 189

2	7	6	1	3	9	4	5	8
4	8	3	6	5	7	1	2	9
5	1	9	8	4	2	6	7	3
8	5	2	3	9	6	7	4	1
7	9	4	5	8	1	2	3	6
6	3	1	7	2	4	8	9	5
1	2	7	9	6	3	5	8	4
9	4	8	2	1	5	3	6	7
3	6	5	4	7	8	9	1	2

answer 190

2	7	9	5	1	4	6	8	3
8	3	4	7	9	6	5	1	2
1	6	5	3	8	2	7	4	9
9	8	6	4	2	1	3	7	5
3	1	7	9	5	8	2	6	4
5	4	2	6	3	7	1	9	8
7	9	3	8	6	5	4	2	1
4	2	8	1	7	3	9	5	6
6	5	1	2	4	9	8	3	7

answer 191

9	3	5	8	1	7	2	6	4
7	4	8	2	5	6	1	9	3
1	2	6	3	9	4	7	8	5
4	1	9	6	3	5	8	2	7
3	5	2	7	8	9	4	1	6
6	8	7	4	2	1	3	5	9
2	9	1	5	7	3	6	4	8
5	7	4	1	6	8	9	3	2
8	6	3	9	4	2	5	7	1

answer 192

1	4	3	7	6	8	2	9	5
5	2	7	3	1	9	4	6	8
6	8	9	4	2	5	1	3	7
3	7	1	5	8	2	9	4	6
4	6	8	9	3	1	7	5	2
2	9	5	6	4	7	8	1	3
9	5	4	8	7	3	6	2	1
7	3	2	1	9	6	5	8	4
8	1	6	2	5	4	3	7	9

answer 193

3	9	7	4	2	8	1	5	6
5	2	8	1	6	3	4	7	9
6	4	1	5	7	9	2	8	3
2	1	4	3	5	6	8	9	7
7	5	9	8	1	2	6	3	4
8	6	3	9	4	7	5	2	1
9	3	5	6	8	1	7	4	2
1	8	2	7	9	4	3	6	5
4	7	6	2	3	5	9	1	8

answer 194

6	2	3	5	7	4	8	1	9
9	7	1	8	6	2	3	5	4
8	4	5	1	3	9	6	7	2
2	3	7	9	1	5	4	8	6
1	9	6	7	4	8	2	3	5
4	5	8	3	2	6	1	9	7
7	8	2	6	9	1	5	4	3
5	6	9	4	8	3	7	2	1
3	1	4	2	5	7	9	6	8

answer 195

4	6	9	3	8	5	1	2	7
5	1	3	7	2	6	4	9	8
7	8	2	1	9	4	5	6	3
8	2	5	4	1	3	9	7	6
6	9	1	5	7	2	8	3	4
3	7	4	9	6	8	2	5	1
9	4	6	8	5	7	3	1	2
2	5	8	6	3	1	7	4	9
1	3	7	2	4	9	6	8	5

answer 196

9	5	4	7	6	2	1	3	8
6	8	3	4	1	5	7	2	9
2	7	1	9	3	8	5	4	6
1	9	2	8	5	3	6	7	4
5	3	7	6	4	1	9	8	2
4	6	8	2	9	7	3	5	1
3	2	5	1	8	6	4	9	7
8	1	9	5	7	4	2	6	3
7	4	6	3	2	9	8	1	5

answer 197

4	7	3	9	8	6	1	5	2
9	8	2	1	7	5	6	3	4
6	5	1	2	4	3	9	8	7
3	1	4	7	9	8	2	6	5
5	6	8	3	2	1	4	7	9
7	2	9	6	5	4	3	1	8
8	3	7	4	6	2	5	9	1
2	9	6	5	1	7	8	4	3
1	4	5	8	3	9	7	2	6

answer 198

7	2	3	6	8	4	1	9	5
6	5	1	3	9	7	2	4	8
9	4	8	5	2	1	7	3	6
3	7	5	4	1	8	6	2	9
8	6	2	7	5	9	3	1	4
4	1	9	2	3	6	8	5	7
1	3	4	8	7	5	9	6	2
5	9	7	1	6	2	4	8	3
2	8	6	9	4	3	5	7	1

answer 199

3	7	6	8	5	2	1	9	4
1	9	8	6	4	7	5	2	3
4	2	5	3	9	1	7	6	8
8	4	9	2	1	3	6	5	7
5	6	2	9	7	4	3	8	1
7	1	3	5	8	6	9	4	2
2	3	4	7	6	5	8	1	9
6	8	7	1	2	9	4	3	5
9	5	1	4	3	8	2	7	6

answer 200

3	7	1	5	9	8	2	4	6
2	4	6	1	7	3	9	5	8
8	9	5	2	6	4	7	3	1
5	3	7	8	4	1	6	2	9
1	8	2	6	5	9	3	7	4
4	6	9	3	2	7	8	1	5
6	5	3	9	1	2	4	8	7
9	2	4	7	8	5	1	6	3
7	1	8	4	3	6	5	9	2

answer 201

9	8	6	2	3	1	4	7	5
5	2	3	8	4	7	9	6	1
4	1	7	5	6	9	3	8	2
1	5	4	6	9	3	7	2	8
8	6	9	7	2	5	1	4	3
3	7	2	4	1	8	6	5	9
2	3	8	9	7	4	5	1	6
6	4	1	3	5	2	8	9	7
7	9	5	1	8	6	2	3	4

answer 202

3	5	1	4	9	2	6	7	8
6	4	7	5	3	8	9	1	2
2	8	9	6	7	1	4	5	3
9	1	8	3	6	5	7	2	4
5	3	4	1	2	7	8	9	6
7	6	2	8	4	9	5	3	1
4	9	6	2	5	3	1	8	7
8	2	5	7	1	6	3	4	9
1	7	3	9	8	4	2	6	5

answer 203

8	5	2	6	4	1	9	3	7
9	6	4	3	2	7	8	1	5
1	7	3	8	5	9	4	6	2
4	3	8	1	6	5	2	7	9
7	1	6	2	9	4	3	5	8
2	9	5	7	3	8	1	4	6
3	4	7	5	8	2	6	9	1
5	2	9	4	1	6	7	8	3
6	8	1	9	7	3	5	2	4

answer 204

2	8	9	3	7	4	1	5	6
1	5	3	9	6	2	8	7	4
7	4	6	8	1	5	2	3	9
8	1	4	6	3	7	9	2	5
6	9	5	1	2	8	7	4	3
3	7	2	5	4	9	6	1	8
5	2	1	4	9	6	3	8	7
4	6	7	2	8	3	5	9	1
9	3	8	7	5	1	4	6	2

answer 205

9	5	3	4	6	7	8	2	1
8	4	1	5	9	2	7	3	6
6	7	2	8	3	1	5	9	4
2	1	5	6	8	9	3	4	7
3	6	7	2	4	5	1	8	9
4	9	8	1	7	3	6	5	2
7	8	4	3	2	6	9	1	5
1	3	6	9	5	4	2	7	8
5	2	9	7	1	8	4	6	3

answer 206

2	8	7	9	1	3	6	5	4
5	6	9	7	8	4	2	1	3
3	1	4	2	6	5	8	9	7
1	4	3	6	5	2	9	7	8
9	5	6	8	4	7	1	3	2
7	2	8	1	3	9	5	4	6
8	9	2	3	7	1	4	6	5
6	3	5	4	9	8	7	2	1
4	7	1	5	2	6	3	8	9

answer 207

1	5	7	9	3	6	8	2	4
2	3	8	4	1	7	6	5	9
9	6	4	2	5	8	3	7	1
3	7	9	8	2	5	1	4	6
5	4	1	7	6	9	2	8	3
6	8	2	3	4	1	7	9	5
8	1	3	5	9	2	4	6	7
4	2	5	6	7	3	9	1	8
7	9	6	1	8	4	5	3	2

answer 208

8	1	2	5	6	4	3	9	7
5	4	7	3	9	1	6	8	2
9	3	6	8	7	2	1	5	4
7	5	3	9	4	6	2	1	8
1	9	4	2	8	7	5	3	6
6	2	8	1	5	3	4	7	9
4	7	5	6	1	8	9	2	3
2	8	1	4	3	9	7	6	5
3	6	9	7	2	5	8	4	1

answer 209

2	6	9	3	7	1	8	4	5
1	7	4	5	6	8	9	3	2
3	8	5	4	2	9	1	7	6
5	4	1	7	9	6	3	2	8
7	3	8	1	4	2	5	6	9
9	2	6	8	5	3	7	1	4
6	1	2	9	3	5	4	8	7
8	5	7	2	1	4	6	9	3
4	9	3	6	8	7	2	5	1

answer 210

4	2	1	9	3	6	7	5	8
8	9	3	7	5	1	6	2	4
5	6	7	2	4	8	9	1	3
2	1	5	4	8	7	3	6	9
6	8	4	3	2	9	1	7	5
7	3	9	1	6	5	8	4	2
1	4	2	6	9	3	5	8	7
9	5	6	8	7	4	2	3	1
3	7	8	5	1	2	4	9	6

answer 211

8	6	1	5	2	3	4	7	9
3	4	5	9	6	7	8	1	2
9	7	2	8	4	1	5	3	6
1	2	3	4	5	6	7	9	8
4	5	7	3	8	9	2	6	1
6	8	9	7	1	2	3	4	5
5	9	8	6	7	4	1	2	3
7	1	6	2	3	8	9	5	4
2	3	4	1	9	5	6	8	7

answer 212

2	5	8	9	4	1	3	7	6
6	7	4	5	3	2	9	1	8
3	1	9	8	6	7	5	4	2
1	2	6	4	8	3	7	5	9
8	4	7	2	5	9	1	6	3
9	3	5	1	7	6	2	8	4
5	6	2	7	9	8	4	3	1
7	8	1	3	2	4	6	9	5
4	9	3	6	1	5	8	2	7

answer 213

2	1	7	9	6	5	8	3	4
8	9	5	7	4	3	1	2	6
4	3	6	2	8	1	9	7	5
3	2	1	6	7	9	5	4	8
9	6	8	5	2	4	7	1	3
7	5	4	1	3	8	2	6	9
6	4	9	8	1	7	3	5	2
1	8	2	3	5	6	4	9	7
5	7	3	4	9	2	6	8	1

answer 214

6	9	4	8	7	3	1	5	2
7	5	2	1	4	9	6	3	8
3	1	8	6	2	5	7	9	4
1	3	9	7	6	2	4	8	5
5	2	6	9	8	4	3	7	1
8	4	7	3	5	1	2	6	9
2	6	5	4	3	8	9	1	7
4	7	1	5	9	6	8	2	3
9	8	3	2	1	7	5	4	6

answer 215

3	2	7	9	6	4	1	8	5
1	8	4	3	2	5	6	9	7
5	6	9	7	1	8	4	3	2
9	4	6	2	3	1	7	5	8
8	3	5	4	7	9	2	6	1
2	7	1	8	5	6	9	4	3
4	9	2	5	8	7	3	1	6
6	5	3	1	9	2	8	7	4
7	1	8	6	4	3	5	2	9

answer 216

5	9	2	8	3	4	7	1	6
4	1	7	5	6	9	3	8	2
6	3	8	2	1	7	4	9	5
8	6	5	4	2	3	1	7	9
9	7	4	6	5	1	2	3	8
1	2	3	7	9	8	6	5	4
2	8	9	3	7	6	5	4	1
7	4	6	1	8	5	9	2	3
3	5	1	9	4	2	8	6	7

answer 217

5	2	1	4	3	8	9	7	6
6	7	4	9	5	1	8	3	2
9	3	8	2	6	7	4	1	5
1	5	9	7	8	6	3	2	4
2	8	3	5	9	4	7	6	1
7	4	6	1	2	3	5	9	8
4	9	2	3	1	5	6	8	7
8	1	7	6	4	9	2	5	3
3	6	5	8	7	2	1	4	9

answer 218

4	5	9	7	3	2	6	8	1
8	3	6	5	9	1	4	2	7
2	7	1	4	8	6	3	5	9
6	2	5	3	1	8	9	7	4
3	9	8	2	4	7	1	6	5
7	1	4	9	6	5	8	3	2
9	8	7	6	5	4	2	1	3
1	4	2	8	7	3	5	9	6
5	6	3	1	2	9	7	4	8

answer 219

6	2	9	8	7	3	5	4	1
8	4	7	1	5	2	9	3	6
3	1	5	6	4	9	8	2	7
1	7	4	5	2	6	3	9	8
5	8	3	4	9	1	6	7	2
2	9	6	7	3	8	1	5	4
9	5	1	2	6	4	7	8	3
7	6	2	3	8	5	4	1	9
4	3	8	9	1	7	2	6	5

answer 220

4	7	5	6	3	9	2	8	1
9	2	1	7	5	8	4	6	3
6	3	8	2	1	4	9	5	7
3	4	9	8	7	5	6	1	2
1	5	7	4	2	6	3	9	8
2	8	6	3	9	1	5	7	4
8	9	3	5	4	7	1	2	6
5	6	4	1	8	2	7	3	9
7	1	2	9	6	3	8	4	5

answer 221

1	3	2	6	5	9	4	7	8
4	7	5	1	2	8	6	9	3
9	6	8	7	4	3	1	5	2
2	4	1	9	7	6	8	3	5
8	5	3	4	1	2	7	6	9
6	9	7	3	8	5	2	1	4
5	2	6	8	9	7	3	4	1
3	8	4	5	6	1	9	2	7
7	1	9	2	3	4	5	8	6

answer 222

9	1	3	7	2	6	8	4	5
2	6	4	5	8	1	7	9	3
5	8	7	9	3	4	6	2	1
4	9	5	3	6	8	1	7	2
6	7	1	2	9	5	3	8	4
8	3	2	4	1	7	9	5	6
3	5	6	8	4	9	2	1	7
7	2	8	1	5	3	4	6	9
1	4	9	6	7	2	5	3	8

answer 223

9	1	3	6	4	5	8	2	7
5	4	2	7	3	8	9	1	6
8	7	6	9	2	1	5	4	3
7	2	9	1	8	6	4	3	5
4	6	1	3	5	2	7	9	8
3	8	5	4	7	9	1	6	2
1	5	7	2	6	4	3	8	9
6	9	8	5	1	3	2	7	4
2	3	4	8	9	7	6	5	1

answer 224

9	1	7	3	2	6	4	5	8
3	5	2	4	9	8	1	7	6
4	6	8	7	5	1	3	2	9
8	7	5	9	1	4	6	3	2
6	2	9	5	8	3	7	1	4
1	4	3	2	6	7	8	9	5
2	8	6	1	3	9	5	4	7
5	3	4	8	7	2	9	6	1
7	9	1	6	4	5	2	8	3

answer 225

1	6	2	5	4	9	8	7	3
4	8	9	7	2	3	5	6	1
7	5	3	6	8	1	9	2	4
5	3	4	8	7	6	2	1	9
6	2	8	9	1	4	7	3	5
9	1	7	2	3	5	6	4	8
8	4	6	1	5	7	3	9	2
3	9	5	4	6	2	1	8	7
2	7	1	3	9	8	4	5	6

answer 226

6	4	2	7	1	5	8	3	9
5	7	8	2	9	3	4	1	6
9	3	1	6	8	4	7	2	5
8	9	3	1	6	7	2	5	4
2	5	6	3	4	8	9	7	1
7	1	4	9	5	2	6	8	3
1	6	7	5	2	9	3	4	8
4	2	5	8	3	6	1	9	7
3	8	9	4	7	1	5	6	2

answer 227

9	8	4	7	3	1	2	6	5
2	3	7	4	5	6	8	1	9
5	1	6	8	9	2	3	4	7
8	7	5	6	4	3	1	9	2
4	9	1	5	2	7	6	3	8
3	6	2	9	1	8	7	5	4
7	5	3	2	6	9	4	8	1
6	2	9	1	8	4	5	7	3
1	4	8	3	7	5	9	2	6

answer 228

9	5	4	7	2	1	6	3	8
7	8	2	4	3	6	1	9	5
1	6	3	5	9	8	2	4	7
5	4	9	3	8	2	7	1	6
8	7	6	9	1	5	4	2	3
2	3	1	6	7	4	5	8	9
3	9	5	1	4	7	8	6	2
6	1	8	2	5	9	3	7	4
4	2	7	8	6	3	9	5	1

answer 229

1	7	6	2	9	4	8	5	3
4	2	8	6	3	5	1	9	7
3	5	9	1	7	8	2	4	6
5	4	2	9	6	7	3	1	8
8	9	7	3	4	1	5	6	2
6	1	3	5	8	2	4	7	9
2	8	4	7	5	9	6	3	1
9	3	5	8	1	6	7	2	4
7	6	1	4	2	3	9	8	5

answer 230

9	5	4	1	2	3	6	7	8
2	8	3	5	6	7	1	9	4
7	1	6	8	4	9	5	3	2
5	3	2	9	1	6	8	4	7
4	9	8	2	7	5	3	1	6
6	7	1	3	8	4	2	5	9
8	2	5	7	9	1	4	6	3
1	6	9	4	3	8	7	2	5
3	4	7	6	5	2	9	8	1

answer 231

1	9	8	6	4	2	3	5	7
2	6	5	8	3	7	4	1	9
4	3	7	5	1	9	6	8	2
9	5	4	7	6	1	8	2	3
3	8	1	2	5	4	7	9	6
7	2	6	9	8	3	1	4	5
8	4	2	3	9	6	5	7	1
6	1	9	4	7	5	2	3	8
5	7	3	1	2	8	9	6	4

answer 232

9	7	8	6	3	2	5	1	4
4	3	5	1	8	7	9	2	6
2	6	1	4	5	9	3	8	7
3	8	4	2	6	1	7	9	5
1	5	9	3	7	4	2	6	8
6	2	7	5	9	8	1	4	3
5	1	2	7	4	6	8	3	9
8	4	3	9	1	5	6	7	2
7	9	6	8	2	3	4	5	1

answer 233

2	4	3	8	6	9	7	5	1
8	9	7	1	5	2	4	3	6
5	6	1	3	4	7	8	9	2
6	8	9	7	2	1	5	4	3
1	2	5	9	3	4	6	7	8
7	3	4	6	8	5	2	1	9
9	5	2	4	1	8	3	6	7
4	7	6	2	9	3	1	8	5
3	1	8	5	7	6	9	2	4

answer 234

3	8	2	5	4	1	6	9	7
6	4	9	7	3	8	2	1	5
1	7	5	6	9	2	3	8	4
7	5	8	1	6	4	9	2	3
2	3	4	9	8	5	1	7	6
9	1	6	3	2	7	5	4	8
8	6	1	2	7	3	4	5	9
5	9	7	4	1	6	8	3	2
4	2	3	8	5	9	7	6	1

answer 235

6	3	1	9	8	5	2	4	7
9	8	4	6	2	7	1	3	5
5	7	2	3	4	1	9	8	6
7	1	6	2	9	3	8	5	4
3	5	8	1	6	4	7	9	2
2	4	9	5	7	8	3	6	1
4	9	3	7	5	2	6	1	8
1	2	5	8	3	6	4	7	9
8	6	7	4	1	9	5	2	3

answer 236

9	5	1	3	7	8	4	2	6
4	2	8	6	9	5	7	3	1
3	6	7	4	1	2	8	9	5
6	4	5	7	2	9	1	8	3
1	9	2	8	3	6	5	7	4
8	7	3	5	4	1	2	6	9
5	3	4	2	6	7	9	1	8
7	8	9	1	5	3	6	4	2
2	1	6	9	8	4	3	5	7

answer 237

1	2	9	3	7	5	6	4	8
6	3	7	4	8	1	9	2	5
4	8	5	6	2	9	7	3	1
3	7	6	2	5	8	4	1	9
8	1	4	9	6	7	3	5	2
5	9	2	1	4	3	8	6	7
2	6	8	5	9	4	1	7	3
7	5	1	8	3	6	2	9	4
9	4	3	7	1	2	5	8	6

answer 238

9	1	4	7	8	2	6	3	5
7	8	5	3	9	6	4	2	1
6	3	2	1	5	4	7	8	9
4	9	3	6	1	7	2	5	8
5	7	1	2	3	8	9	4	6
8	2	6	5	4	9	3	1	7
3	6	7	8	2	1	5	9	4
1	5	9	4	6	3	8	7	2
2	4	8	9	7	5	1	6	3

answer 239

9	6	8	5	2	7	3	4	1
1	7	4	8	3	9	2	5	6
2	3	5	1	4	6	8	9	7
4	2	9	3	7	8	1	6	5
5	8	3	9	6	1	7	2	4
6	1	7	2	5	4	9	3	8
7	4	1	6	9	2	5	8	3
8	5	2	4	1	3	6	7	9
3	9	6	7	8	5	4	1	2

answer 240

4	2	7	1	9	3	8	6	5
3	6	8	5	2	4	7	1	9
1	5	9	7	6	8	4	3	2
9	3	4	2	8	1	6	5	7
8	1	5	3	7	6	9	2	4
6	7	2	9	4	5	1	8	3
7	9	6	8	3	2	5	4	1
2	4	1	6	5	7	3	9	8
5	8	3	4	1	9	2	7	6

answer 241

1	4	9	3	2	8	5	7	6
7	5	2	6	9	4	1	8	3
3	6	8	5	7	1	9	2	4
5	9	1	8	3	2	6	4	7
6	8	3	9	4	7	2	5	1
4	2	7	1	5	6	3	9	8
8	7	6	2	1	5	4	3	9
2	3	4	7	6	9	8	1	5
9	1	5	4	8	3	7	6	2

answer 242

8	5	3	4	2	9	1	7	6
7	2	9	1	6	5	8	3	4
1	4	6	7	8	3	5	2	9
5	3	7	8	4	1	6	9	2
2	6	1	5	9	7	4	8	3
4	9	8	2	3	6	7	5	1
9	1	5	3	7	4	2	6	8
6	8	4	9	5	2	3	1	7
3	7	2	6	1	8	9	4	5

answer 243

6	4	7	2	5	1	8	3	9
3	2	5	4	9	8	6	1	7
1	9	8	7	6	3	4	2	5
5	8	1	6	4	2	9	7	3
2	6	3	9	1	7	5	8	4
4	7	9	8	3	5	2	6	1
7	5	6	1	2	4	3	9	8
9	1	4	3	8	6	7	5	2
8	3	2	5	7	9	1	4	6

answer 244

2	4	9	5	6	8	7	1	3
8	7	3	2	1	4	5	6	9
5	6	1	9	3	7	4	2	8
1	3	6	8	4	5	9	7	2
7	2	4	3	9	1	8	5	6
9	8	5	7	2	6	1	3	4
6	9	8	1	7	3	2	4	5
4	5	7	6	8	2	3	9	1
3	1	2	4	5	9	6	8	7

answer 245

9	3	2	4	7	8	6	5	1
4	5	6	2	1	9	3	8	7
8	1	7	6	3	5	4	9	2
6	7	1	9	5	3	2	4	8
2	4	8	1	6	7	5	3	9
5	9	3	8	2	4	1	7	6
1	8	9	5	4	6	7	2	3
7	6	5	3	8	2	9	1	4
3	2	4	7	9	1	8	6	5

answer 246

3	8	5	2	6	4	1	7	9
2	1	6	7	8	9	4	3	5
9	7	4	5	1	3	8	6	2
7	5	3	4	9	2	6	1	8
8	2	9	1	7	6	3	5	4
4	6	1	8	3	5	9	2	7
1	4	8	6	5	7	2	9	3
5	3	2	9	4	1	7	8	6
6	9	7	3	2	8	5	4	1

answer 247

5	7	3	1	6	8	9	2	4
4	2	6	9	7	5	8	3	1
8	9	1	2	4	3	7	6	5
3	6	4	7	8	1	5	9	2
7	1	9	5	3	2	6	4	8
2	5	8	4	9	6	3	1	7
6	8	5	3	1	4	2	7	9
9	4	2	6	5	7	1	8	3
1	3	7	8	2	9	4	5	6

answer 248

4	3	1	7	5	6	8	9	2
5	6	9	2	8	1	4	7	3
7	8	2	4	3	9	6	5	1
2	9	7	6	1	5	3	4	8
3	1	5	8	7	4	9	2	6
6	4	8	9	2	3	7	1	5
9	5	3	1	4	8	2	6	7
1	7	4	3	6	2	5	8	9
8	2	6	5	9	7	1	3	4

answer 249

9	2	8	1	6	7	5	3	4
7	3	4	9	5	2	1	8	6
6	5	1	3	8	4	9	7	2
4	6	3	5	7	1	2	9	8
2	1	9	8	4	3	6	5	7
5	8	7	6	2	9	4	1	3
3	9	6	2	1	8	7	4	5
1	4	5	7	3	6	8	2	9
8	7	2	4	9	5	3	6	1

answer 250

1	2	6	8	3	7	9	5	4
8	7	4	9	2	5	1	6	3
5	9	3	6	4	1	2	8	7
4	8	1	5	6	2	3	7	9
3	5	9	4	7	8	6	2	1
2	6	7	3	1	9	5	4	8
9	1	2	7	5	4	8	3	6
6	4	8	2	9	3	7	1	5
7	3	5	1	8	6	4	9	2

answer 251

4	9	5	6	2	3	8	7	1
6	3	2	1	8	7	5	4	9
7	8	1	9	5	4	6	2	3
5	2	7	3	9	6	1	8	4
8	1	9	5	4	2	3	6	7
3	4	6	8	7	1	9	5	2
1	7	3	2	6	8	4	9	5
9	6	4	7	1	5	2	3	8
2	5	8	4	3	9	7	1	6

answer 252

3	5	2	1	9	6	4	7	8
9	6	4	8	7	2	1	3	5
8	1	7	5	3	4	9	2	6
5	7	8	2	6	9	3	4	1
1	2	9	4	5	3	8	6	7
4	3	6	7	8	1	5	9	2
6	4	1	9	2	5	7	8	3
7	9	3	6	1	8	2	5	4
2	8	5	3	4	7	6	1	9

answer 253

9	7	8	5	6	1	2	4	3
5	3	4	7	8	2	6	9	1
6	1	2	4	3	9	5	7	8
2	5	3	1	7	8	4	6	9
4	9	7	3	5	6	1	8	2
1	8	6	9	2	4	7	3	5
8	6	9	2	4	5	3	1	7
7	2	1	6	9	3	8	5	4
3	4	5	8	1	7	9	2	6

answer 254

6	3	1	8	4	9	5	2	7
4	2	5	3	7	1	9	6	8
9	7	8	5	6	2	1	3	4
7	1	9	4	2	5	3	8	6
8	5	4	1	3	6	7	9	2
3	6	2	9	8	7	4	1	5
2	8	3	7	9	4	6	5	1
1	4	6	2	5	3	8	7	9
5	9	7	6	1	8	2	4	3

answer 255

9	3	8	6	1	4	7	5	2
4	5	1	7	2	8	3	6	9
7	6	2	5	9	3	4	8	1
2	7	5	3	4	1	8	9	6
3	1	9	8	6	2	5	4	7
6	8	4	9	7	5	2	1	3
8	9	3	1	5	7	6	2	4
1	4	7	2	8	6	9	3	5
5	2	6	4	3	9	1	7	8

answer 256

5	1	4	7	6	8	3	2	9
3	8	2	1	5	9	7	4	6
9	6	7	3	2	4	1	8	5
7	3	5	6	8	1	2	9	4
2	9	8	5	4	7	6	1	3
1	4	6	2	9	3	5	7	8
8	2	1	9	3	6	4	5	7
4	5	3	8	7	2	9	6	1
6	7	9	4	1	5	8	3	2

answer 257

9	5	2	3	8	6	4	1	7
1	8	4	9	2	7	3	6	5
3	6	7	4	1	5	9	2	8
8	2	3	6	7	4	5	9	1
4	9	1	8	5	2	7	3	6
6	7	5	1	3	9	2	8	4
5	3	8	7	9	1	6	4	2
7	1	6	2	4	3	8	5	9
2	4	9	5	6	8	1	7	3

answer 258

5	4	6	7	1	3	8	9	2
2	3	8	5	9	6	1	7	4
7	9	1	8	4	2	5	3	6
1	8	5	2	7	9	6	4	3
9	2	3	6	5	4	7	1	8
6	7	4	3	8	1	9	2	5
8	1	9	4	3	5	2	6	7
4	5	2	1	6	7	3	8	9
3	6	7	9	2	8	4	5	1

answer 259

1	2	6	8	5	3	9	7	4
4	8	5	7	9	2	6	1	3
7	9	3	4	6	1	5	8	2
6	3	1	9	4	5	7	2	8
5	4	8	6	2	7	3	9	1
9	7	2	3	1	8	4	6	5
3	1	9	5	8	6	2	4	7
2	5	4	1	7	9	8	3	6
8	6	7	2	3	4	1	5	9

answer 260

1	2	3	6	4	9	8	7	5
4	8	5	3	2	7	1	9	6
7	6	9	1	5	8	3	2	4
2	1	6	8	3	4	7	5	9
3	9	4	7	1	5	2	6	8
5	7	8	9	6	2	4	3	1
8	3	2	5	9	1	6	4	7
9	4	7	2	8	6	5	1	3
6	5	1	4	7	3	9	8	2

answer 261

2	1	4	3	5	9	8	7	6
5	6	3	4	8	7	1	2	9
7	8	9	6	2	1	5	3	4
1	9	6	2	7	5	3	4	8
4	5	8	9	3	6	2	1	7
3	7	2	8	1	4	9	6	5
9	3	5	7	6	2	4	8	1
8	4	7	1	9	3	6	5	2
6	2	1	5	4	8	7	9	3

answer 262

6	3	1	4	8	9	2	5	7
8	5	7	1	3	2	9	4	6
9	2	4	6	7	5	8	3	1
3	9	6	5	1	4	7	2	8
7	1	5	8	2	6	3	9	4
4	8	2	7	9	3	1	6	5
1	4	9	2	5	7	6	8	3
2	6	8	3	4	1	5	7	9
5	7	3	9	6	8	4	1	2

answer 263

2	1	9	8	5	3	6	7	4
6	4	3	9	1	7	8	5	2
7	5	8	6	4	2	3	1	9
9	3	7	5	6	4	2	8	1
1	6	5	2	7	8	9	4	3
8	2	4	3	9	1	7	6	5
4	7	6	1	2	9	5	3	8
5	8	2	4	3	6	1	9	7
3	9	1	7	8	5	4	2	6

answer 264

3	1	4	2	5	8	6	7	9
9	5	6	3	7	1	2	8	4
7	2	8	6	4	9	3	5	1
2	8	7	1	6	4	9	3	5
4	9	1	5	8	3	7	6	2
6	3	5	7	9	2	4	1	8
1	6	9	4	3	5	8	2	7
8	7	2	9	1	6	5	4	3
5	4	3	8	2	7	1	9	6

answer 265

4	6	8	7	1	2	3	5	9
3	9	5	6	4	8	1	2	7
1	7	2	9	5	3	8	6	4
9	5	7	2	8	1	4	3	6
8	4	1	3	9	6	2	7	5
2	3	6	4	7	5	9	8	1
5	2	3	1	6	9	7	4	8
6	1	4	8	3	7	5	9	2
7	8	9	5	2	4	6	1	3

answer 266

6	1	9	8	3	7	4	5	2
2	7	3	9	4	5	8	1	6
5	4	8	2	1	6	3	9	7
7	3	4	6	8	1	9	2	5
8	6	5	7	2	9	1	4	3
1	9	2	4	5	3	6	7	8
3	8	7	1	9	2	5	6	4
4	2	1	5	6	8	7	3	9
9	5	6	3	7	4	2	8	1

answer 267

3	2	5	1	4	6	7	8	9
6	1	8	3	9	7	4	2	5
4	9	7	2	8	5	3	6	1
9	3	4	7	2	8	5	1	6
1	8	2	6	5	3	9	7	4
7	5	6	9	1	4	2	3	8
8	4	1	5	3	2	6	9	7
5	6	3	8	7	9	1	4	2
2	7	9	4	6	1	8	5	3

answer 268

5	3	8	1	6	4	9	2	7
4	6	7	2	8	9	1	3	5
1	2	9	3	7	5	6	8	4
6	1	5	4	2	3	8	7	9
7	9	4	8	5	1	3	6	2
3	8	2	7	9	6	4	5	1
8	4	1	5	3	7	2	9	6
9	7	3	6	1	2	5	4	8
2	5	6	9	4	8	7	1	3

answer 269

1	2	5	9	3	7	6	4	8
4	8	9	6	5	1	2	7	3
3	6	7	4	2	8	1	9	5
9	4	2	3	7	5	8	6	1
5	1	8	2	6	9	4	3	7
6	7	3	8	1	4	9	5	2
7	5	6	1	4	2	3	8	9
8	3	1	5	9	6	7	2	4
2	9	4	7	8	3	5	1	6

answer 270

7	6	3	4	1	9	5	8	2
4	9	8	2	5	3	1	6	7
5	2	1	8	7	6	9	4	3
6	4	7	5	9	8	3	2	1
3	8	5	6	2	1	7	9	4
9	1	2	3	4	7	6	5	8
2	7	6	1	8	5	4	3	9
8	5	9	7	3	4	2	1	6
1	3	4	9	6	2	8	7	5

answer 271

5	2	4	8	6	9	7	1	3
1	9	6	7	3	2	5	8	4
8	3	7	1	5	4	2	9	6
7	5	9	3	4	1	6	2	8
2	8	1	6	9	5	4	3	7
6	4	3	2	8	7	1	5	9
4	6	5	9	1	8	3	7	2
3	7	8	5	2	6	9	4	1
9	1	2	4	7	3	8	6	5

answer 272

8	2	5	3	9	6	4	1	7
7	9	4	5	8	1	2	3	6
6	1	3	2	4	7	9	5	8
5	6	9	4	1	3	8	7	2
3	7	2	8	5	9	1	6	4
4	8	1	7	6	2	3	9	5
9	3	7	6	2	8	5	4	1
2	4	6	1	3	5	7	8	9
1	5	8	9	7	4	6	2	3

answer 273

6	8	7	1	5	9	4	2	3
1	3	9	4	8	2	6	7	5
2	4	5	6	3	7	9	1	8
3	9	6	7	2	1	8	5	4
4	5	1	8	9	6	7	3	2
7	2	8	5	4	3	1	9	6
8	1	3	2	7	4	5	6	9
5	6	2	9	1	8	3	4	7
9	7	4	3	6	5	2	8	1

answer 274

3	2	1	6	9	8	5	7	4
4	8	9	3	7	5	6	2	1
5	6	7	1	4	2	3	9	8
1	9	2	8	5	4	7	6	3
6	3	4	9	1	7	8	5	2
7	5	8	2	3	6	4	1	9
2	4	6	7	8	1	9	3	5
8	1	3	5	6	9	2	4	7
9	7	5	4	2	3	1	8	6

answer 275

5	7	9	4	3	6	1	2	8
4	8	2	7	9	1	3	5	6
1	6	3	8	2	5	7	9	4
8	2	5	1	6	7	9	4	3
9	1	7	5	4	3	6	8	2
6	3	4	9	8	2	5	7	1
2	9	1	6	7	8	4	3	5
3	4	6	2	5	9	8	1	7
7	5	8	3	1	4	2	6	9

answer 276

9	3	7	6	4	1	5	8	2
2	5	8	9	3	7	4	1	6
4	6	1	8	2	5	3	9	7
3	7	9	1	5	8	6	2	4
6	8	2	4	7	9	1	5	3
5	1	4	2	6	3	8	7	9
1	2	3	7	8	6	9	4	5
8	4	6	5	9	2	7	3	1
7	9	5	3	1	4	2	6	8

answer 277

7	3	5	9	4	6	1	2	8
8	9	4	2	1	5	7	3	6
6	1	2	8	7	3	4	9	5
1	8	3	4	5	7	9	6	2
9	4	7	6	2	8	3	5	1
5	2	6	1	3	9	8	7	4
2	7	9	5	8	1	6	4	3
3	5	1	7	6	4	2	8	9
4	6	8	3	9	2	5	1	7

answer 278

8	9	6	7	2	5	4	1	3
7	5	1	4	3	6	2	9	8
3	2	4	9	8	1	7	6	5
5	7	9	2	1	4	3	8	6
6	8	2	5	9	3	1	7	4
4	1	3	8	6	7	9	5	2
9	3	7	6	5	2	8	4	1
1	6	8	3	4	9	5	2	7
2	4	5	1	7	8	6	3	9

answer 279

7	3	2	1	5	6	9	8	4
8	6	5	7	4	9	2	1	3
1	4	9	3	2	8	5	7	6
3	9	7	4	6	2	1	5	8
6	2	1	8	3	5	7	4	9
4	5	8	9	7	1	6	3	2
5	1	3	6	9	4	8	2	7
2	7	6	5	8	3	4	9	1
9	8	4	2	1	7	3	6	5

answer 280

4	8	3	1	9	6	7	2	5
2	9	7	4	5	8	3	1	6
6	5	1	2	3	7	9	8	4
9	3	2	7	8	4	6	5	1
7	6	4	5	2	1	8	9	3
5	1	8	9	6	3	4	7	2
8	2	6	3	7	5	1	4	9
3	4	5	8	1	9	2	6	7
1	7	9	6	4	2	5	3	8

answer 281

7	3	6	8	4	1	5	2	9
1	4	5	9	2	7	6	8	3
8	2	9	3	5	6	4	1	7
5	9	8	7	1	4	3	6	2
2	1	3	6	9	8	7	4	5
6	7	4	2	3	5	1	9	8
3	6	2	1	7	9	8	5	4
9	5	1	4	8	3	2	7	6
4	8	7	5	6	2	9	3	1

answer 282

7	4	5	2	9	3	6	8	1
2	8	6	4	1	5	9	7	3
3	1	9	8	6	7	2	5	4
1	9	8	5	7	2	3	4	6
6	2	4	1	3	8	5	9	7
5	7	3	6	4	9	8	1	2
8	6	7	9	2	4	1	3	5
9	3	2	7	5	1	4	6	8
4	5	1	3	8	6	7	2	9

answer 283

3	7	8	5	4	6	1	9	2
4	9	2	1	3	8	6	5	7
6	1	5	2	7	9	4	3	8
5	2	9	6	8	7	3	4	1
7	3	1	4	2	5	8	6	9
8	4	6	9	1	3	7	2	5
2	6	7	8	5	4	9	1	3
1	8	4	3	9	2	5	7	6
9	5	3	7	6	1	2	8	4

answer 284

7	4	1	9	2	6	5	3	8
2	8	3	5	4	1	9	7	6
6	9	5	8	7	3	2	1	4
8	5	9	3	1	7	4	6	2
1	3	2	6	9	4	7	8	5
4	7	6	2	5	8	1	9	3
9	2	8	7	6	5	3	4	1
5	6	4	1	3	9	8	2	7
3	1	7	4	8	2	6	5	9

answer 285

2	7	6	9	8	4	5	3	1
4	9	5	6	3	1	7	8	2
1	8	3	7	2	5	6	4	9
9	3	8	1	7	6	2	5	4
7	2	4	5	9	3	8	1	6
6	5	1	8	4	2	9	7	3
3	6	9	4	5	8	1	2	7
8	1	2	3	6	7	4	9	5
5	4	7	2	1	9	3	6	8

answer 286

9	5	2	6	4	3	8	7	1
4	7	3	2	8	1	6	9	5
6	8	1	7	5	9	3	4	2
1	3	5	4	2	7	9	8	6
7	2	6	9	3	8	1	5	4
8	4	9	5	1	6	2	3	7
2	9	7	8	6	5	4	1	3
3	6	8	1	7	4	5	2	9
5	1	4	3	9	2	7	6	8

answer 287

4	5	3	7	9	6	1	2	8
9	1	2	4	8	3	7	6	5
8	7	6	1	5	2	4	3	9
6	9	1	8	3	7	2	5	4
3	2	7	5	6	4	8	9	1
5	8	4	2	1	9	6	7	3
2	3	9	6	4	8	5	1	7
7	4	5	9	2	1	3	8	6
1	6	8	3	7	5	9	4	2

answer 288

2	1	9	3	8	6	5	4	7
4	6	7	1	2	5	3	9	8
3	8	5	4	9	7	2	1	6
6	4	8	2	5	1	9	7	3
7	5	3	9	6	8	1	2	4
9	2	1	7	4	3	8	6	5
1	7	4	5	3	9	6	8	2
8	3	2	6	1	4	7	5	9
5	9	6	8	7	2	4	3	1

answer 289

6	2	7	8	4	3	1	5	9
8	4	5	1	6	9	7	3	2
1	3	9	2	7	5	8	6	4
7	8	3	4	2	6	5	9	1
9	6	1	3	5	8	4	2	7
2	5	4	9	1	7	6	8	3
3	7	2	5	8	1	9	4	6
5	9	6	7	3	4	2	1	8
4	1	8	6	9	2	3	7	5

answer 290

2	8	6	3	5	1	4	9	7
3	7	5	4	2	9	1	8	6
9	4	1	6	7	8	3	2	5
1	6	4	8	9	5	7	3	2
5	2	8	7	3	4	6	1	9
7	9	3	2	1	6	8	5	4
8	3	9	5	4	7	2	6	1
6	5	7	1	8	2	9	4	3
4	1	2	9	6	3	5	7	8

answer 291

1	2	9	6	5	7	3	8	4
4	7	3	9	2	8	1	5	6
5	8	6	4	3	1	2	7	9
9	5	2	3	4	6	8	1	7
8	6	7	2	1	5	9	4	3
3	1	4	8	7	9	5	6	2
7	3	1	5	6	2	4	9	8
6	4	8	1	9	3	7	2	5
2	9	5	7	8	4	6	3	1

answer 292

8	5	2	4	3	7	1	6	9
9	6	4	8	1	5	2	7	3
1	7	3	9	2	6	5	8	4
6	9	8	1	5	2	4	3	7
3	1	7	6	4	9	8	5	2
4	2	5	3	7	8	9	1	6
7	4	9	5	6	1	3	2	8
2	3	1	7	8	4	6	9	5
5	8	6	2	9	3	7	4	1

answer 293

5	1	9	2	8	6	7	3	4
7	8	6	9	3	4	2	1	5
3	4	2	5	1	7	9	6	8
8	5	1	3	9	2	4	7	6
4	9	7	1	6	5	8	2	3
2	6	3	7	4	8	5	9	1
6	3	5	8	2	9	1	4	7
9	7	4	6	5	1	3	8	2
1	2	8	4	7	3	6	5	9

answer 294

3	6	8	5	9	2	1	7	4
7	5	9	4	8	1	2	3	6
2	4	1	7	3	6	5	8	9
1	8	4	9	6	5	7	2	3
9	2	6	3	7	8	4	5	1
5	7	3	2	1	4	6	9	8
6	1	7	8	5	9	3	4	2
4	9	5	6	2	3	8	1	7
8	3	2	1	4	7	9	6	5

answer 295

6	4	1	9	8	5	2	7	3
5	7	2	6	3	1	8	9	4
9	8	3	7	2	4	6	1	5
4	9	7	3	5	8	1	2	6
2	3	6	1	4	7	5	8	9
1	5	8	2	6	9	3	4	7
8	2	5	4	9	3	7	6	1
7	6	4	5	1	2	9	3	8
3	1	9	8	7	6	4	5	2

answer 296

7	3	6	4	9	2	1	5	8
5	2	4	6	8	1	3	9	7
9	1	8	7	3	5	6	4	2
4	9	1	2	5	6	7	8	3
6	5	3	8	4	7	2	1	9
2	8	7	3	1	9	5	6	4
1	7	5	9	2	4	8	3	6
8	6	9	1	7	3	4	2	5
3	4	2	5	6	8	9	7	1

answer 297

6	2	1	5	4	8	7	9	3
8	3	5	7	6	9	2	4	1
7	4	9	3	1	2	8	6	5
2	1	3	8	9	5	6	7	4
4	5	8	6	3	7	9	1	2
9	6	7	1	2	4	5	3	8
1	8	4	2	7	6	3	5	9
3	7	2	9	5	1	4	8	6
5	9	6	4	8	3	1	2	7

answer 298

1	4	8	6	3	7	9	5	2
9	3	2	8	5	1	6	7	4
6	5	7	9	2	4	1	8	3
4	2	9	1	8	5	7	3	6
7	6	1	2	9	3	5	4	8
5	8	3	4	7	6	2	1	9
3	1	6	5	4	9	8	2	7
8	7	5	3	6	2	4	9	1
2	9	4	7	1	8	3	6	5

answer 299

9	2	4	6	3	1	5	8	7
5	1	6	4	7	8	9	3	2
8	3	7	2	5	9	1	6	4
4	9	3	7	1	2	8	5	6
2	6	1	9	8	5	4	7	3
7	8	5	3	4	6	2	9	1
3	5	9	1	2	7	6	4	8
1	4	8	5	6	3	7	2	9
6	7	2	8	9	4	3	1	5

answer 300

8	5	7	1	9	3	6	4	2
1	4	2	5	7	6	3	8	9
6	3	9	8	2	4	5	7	1
4	6	1	3	5	9	7	2	8
9	2	5	7	4	8	1	3	6
7	8	3	6	1	2	9	5	4
2	1	6	4	3	5	8	9	7
5	7	4	9	8	1	2	6	3
3	9	8	2	6	7	4	1	5

answer 301

7	8	2	5	1	3	6	4	9
3	6	9	7	4	2	8	5	1
1	4	5	9	8	6	3	2	7
5	3	1	4	7	9	2	6	8
6	7	4	8	2	5	1	9	3
9	2	8	6	3	1	5	7	4
4	5	7	1	6	8	9	3	2
2	1	6	3	9	4	7	8	5
8	9	3	2	5	7	4	1	6

answer 302

4	3	9	5	2	7	6	1	8
5	6	7	4	1	8	9	2	3
8	2	1	6	9	3	7	4	5
1	9	8	3	6	4	5	7	2
6	7	4	1	5	2	3	8	9
3	5	2	8	7	9	4	6	1
9	4	3	7	8	1	2	5	6
7	1	5	2	3	6	8	9	4
2	8	6	9	4	5	1	3	7

answer 303

4	5	3	1	2	9	7	6	8
9	1	6	4	8	7	2	5	3
2	7	8	5	6	3	4	1	9
3	4	5	6	9	1	8	2	7
1	8	9	7	4	2	5	3	6
6	2	7	8	3	5	1	9	4
8	3	2	9	1	4	6	7	5
7	6	1	3	5	8	9	4	2
5	9	4	2	7	6	3	8	1

answer 304

3	4	1	9	6	2	8	7	5
9	2	6	8	5	7	4	3	1
7	8	5	4	3	1	2	6	9
8	9	4	3	2	5	6	1	7
5	6	3	1	7	4	9	2	8
1	7	2	6	8	9	5	4	3
6	5	7	2	1	8	3	9	4
2	1	9	5	4	3	7	8	6
4	3	8	7	9	6	1	5	2

answer 305

1	8	4	5	2	3	9	6	7
7	6	3	9	1	4	5	2	8
5	9	2	7	8	6	4	3	1
6	2	5	4	3	8	1	7	9
3	4	1	2	7	9	6	8	5
8	7	9	1	6	5	2	4	3
2	3	8	6	9	1	7	5	4
4	1	6	3	5	7	8	9	2
9	5	7	8	4	2	3	1	6

answer 306

9	6	3	2	4	7	5	1	8
1	7	8	3	6	5	9	2	4
4	2	5	8	1	9	7	6	3
7	3	6	9	8	2	1	4	5
8	4	9	6	5	1	2	3	7
2	5	1	4	7	3	6	8	9
3	1	4	7	9	6	8	5	2
5	8	7	1	2	4	3	9	6
6	9	2	5	3	8	4	7	1

answer 307

1	2	5	4	8	6	3	9	7
3	8	6	9	5	7	2	1	4
9	7	4	1	3	2	6	5	8
2	1	7	3	4	5	9	8	6
4	9	8	6	7	1	5	3	2
6	5	3	2	9	8	4	7	1
8	3	1	5	6	4	7	2	9
7	6	9	8	2	3	1	4	5
5	4	2	7	1	9	8	6	3

answer 308

6	1	7	5	8	4	9	2	3
4	5	8	3	9	2	1	6	7
2	9	3	1	7	6	5	8	4
1	8	4	9	5	7	2	3	6
9	7	5	6	2	3	8	4	1
3	6	2	8	4	1	7	9	5
5	3	9	7	6	8	4	1	2
7	2	6	4	1	9	3	5	8
8	4	1	2	3	5	6	7	9

answer 309

9	2	1	8	3	7	4	5	6
4	3	6	2	9	5	7	8	1
7	8	5	4	1	6	9	2	3
3	4	2	9	7	1	8	6	5
1	5	7	6	8	2	3	9	4
6	9	8	5	4	3	2	1	7
2	6	4	3	5	8	1	7	9
8	1	9	7	6	4	5	3	2
5	7	3	1	2	9	6	4	8

answer 310

4	9	3	5	2	1	6	8	7
1	5	2	7	6	8	3	4	9
7	6	8	9	3	4	1	2	5
5	2	9	6	1	3	4	7	8
6	7	1	8	4	5	2	9	3
3	8	4	2	7	9	5	6	1
8	4	5	1	9	2	7	3	6
2	1	7	3	8	6	9	5	4
9	3	6	4	5	7	8	1	2

answer 311

5	3	9	7	4	8	2	1	6
7	2	8	6	3	1	4	5	9
1	4	6	2	9	5	3	7	8
6	8	5	9	7	4	1	2	3
3	9	7	5	1	2	6	8	4
2	1	4	8	6	3	7	9	5
4	5	3	1	2	9	8	6	7
9	7	2	4	8	6	5	3	1
8	6	1	3	5	7	9	4	2

answer 312

2	4	5	1	9	3	8	6	7
7	6	1	8	2	4	9	5	3
9	8	3	6	7	5	2	4	1
1	5	9	2	3	7	4	8	6
3	2	6	9	4	8	1	7	5
8	7	4	5	1	6	3	9	2
5	9	7	3	8	1	6	2	4
4	3	8	7	6	2	5	1	9
6	1	2	4	5	9	7	3	8

answer 313

1	3	4	9	5	2	6	8	7
5	7	9	8	6	1	2	3	4
2	8	6	3	7	4	5	9	1
9	6	2	5	1	8	7	4	3
4	5	3	6	9	7	8	1	2
8	1	7	2	4	3	9	5	6
3	9	5	1	2	6	4	7	8
7	2	8	4	3	9	1	6	5
6	4	1	7	8	5	3	2	9

answer 314

1	6	8	4	7	9	3	5	2
9	3	4	8	2	5	1	6	7
2	7	5	1	3	6	8	4	9
5	9	1	6	8	2	4	7	3
4	2	3	9	5	7	6	1	8
6	8	7	3	1	4	9	2	5
3	5	6	2	9	1	7	8	4
8	4	2	7	6	3	5	9	1
7	1	9	5	4	8	2	3	6

answer 315

9	3	7	1	4	2	5	8	6
5	1	4	6	9	8	2	7	3
8	6	2	3	5	7	1	4	9
7	2	1	5	3	4	9	6	8
3	9	6	8	7	1	4	5	2
4	8	5	9	2	6	7	3	1
2	5	3	7	8	9	6	1	4
6	7	9	4	1	3	8	2	5
1	4	8	2	6	5	3	9	7

answer 316

9	6	4	7	5	2	8	1	3
2	3	5	8	1	6	4	9	7
7	8	1	3	4	9	2	5	6
1	5	3	9	8	7	6	4	2
8	4	7	6	2	5	9	3	1
6	9	2	4	3	1	7	8	5
5	2	6	1	9	8	3	7	4
4	1	9	2	7	3	5	6	8
3	7	8	5	6	4	1	2	9

answer 317

3	2	6	1	9	7	5	8	4
9	5	1	3	4	8	7	2	6
8	7	4	2	5	6	3	1	9
5	8	9	4	6	2	1	3	7
7	4	3	9	1	5	8	6	2
6	1	2	7	8	3	4	9	5
2	3	8	5	7	9	6	4	1
1	6	5	8	2	4	9	7	3
4	9	7	6	3	1	2	5	8

answer 318

6	8	5	1	7	9	2	4	3
3	7	4	6	5	2	8	9	1
2	1	9	4	3	8	7	6	5
1	2	8	9	6	5	4	3	7
7	5	6	3	4	1	9	8	2
4	9	3	8	2	7	1	5	6
9	3	7	5	1	4	6	2	8
8	6	2	7	9	3	5	1	4
5	4	1	2	8	6	3	7	9

answer 319

2	6	5	8	7	3	9	1	4
4	8	1	2	9	5	3	7	6
3	7	9	4	1	6	8	5	2
9	5	6	1	4	2	7	8	3
1	4	7	3	6	8	2	9	5
8	3	2	7	5	9	4	6	1
7	9	4	5	2	1	6	3	8
5	2	3	6	8	7	1	4	9
6	1	8	9	3	4	5	2	7

answer 320

2	8	1	3	7	5	9	6	4
3	7	6	4	9	1	2	5	8
4	9	5	6	8	2	3	7	1
6	2	7	8	1	3	5	4	9
1	4	8	2	5	9	6	3	7
9	5	3	7	6	4	1	8	2
5	6	2	1	4	7	8	9	3
8	3	4	9	2	6	7	1	5
7	1	9	5	3	8	4	2	6

answer 321

2	4	9	5	3	8	1	6	7
8	6	7	1	9	4	5	2	3
1	3	5	6	2	7	9	4	8
5	7	3	2	1	9	6	8	4
6	8	1	4	7	3	2	9	5
9	2	4	8	5	6	3	7	1
4	1	2	9	8	5	7	3	6
7	9	6	3	4	1	8	5	2
3	5	8	7	6	2	4	1	9

answer 322

7	1	2	8	3	5	6	4	9
5	4	9	6	1	2	7	8	3
8	6	3	7	9	4	1	2	5
9	5	8	2	4	1	3	6	7
1	3	7	5	8	6	2	9	4
4	2	6	9	7	3	5	1	8
6	8	4	3	2	7	9	5	1
2	7	1	4	5	9	8	3	6
3	9	5	1	6	8	4	7	2

answer 323

3	9	5	2	6	1	8	7	4
8	2	7	4	5	9	6	1	3
6	1	4	7	8	3	9	5	2
1	5	2	3	9	8	4	6	7
4	6	3	5	1	7	2	8	9
7	8	9	6	4	2	1	3	5
2	3	6	1	7	4	5	9	8
5	7	8	9	2	6	3	4	1
9	4	1	8	3	5	7	2	6

answer 324

9	5	3	2	6	1	4	7	8
4	1	6	9	7	8	2	5	3
8	7	2	4	5	3	9	6	1
3	2	9	5	8	4	6	1	7
1	4	7	6	3	2	5	8	9
6	8	5	1	9	7	3	2	4
2	9	4	8	1	5	7	3	6
5	3	1	7	4	6	8	9	2
7	6	8	3	2	9	1	4	5

answer 325

3	8	6	1	2	7	9	5	4
9	5	1	6	4	8	2	3	7
4	2	7	9	3	5	1	6	8
2	6	5	8	7	9	3	4	1
8	9	3	5	1	4	7	2	6
7	1	4	2	6	3	5	8	9
1	7	2	3	8	6	4	9	5
5	4	8	7	9	2	6	1	3
6	3	9	4	5	1	8	7	2

answer 326

6	1	2	8	4	9	3	5	7
5	4	7	3	1	6	9	2	8
9	3	8	7	2	5	4	1	6
3	7	5	6	8	1	2	4	9
1	2	6	9	3	4	7	8	5
4	8	9	2	5	7	6	3	1
7	5	1	4	6	2	8	9	3
2	9	3	1	7	8	5	6	4
8	6	4	5	9	3	1	7	2

answer 327

9	6	4	1	8	3	7	2	5
1	2	8	7	5	6	9	4	3
3	7	5	4	2	9	8	6	1
5	1	9	3	6	2	4	8	7
6	8	2	5	7	4	1	3	9
7	4	3	9	1	8	2	5	6
4	3	6	2	9	1	5	7	8
8	9	7	6	4	5	3	1	2
2	5	1	8	3	7	6	9	4

answer 328

8	5	1	2	3	6	9	4	7
4	2	7	9	1	8	6	5	3
3	9	6	5	7	4	2	8	1
5	6	4	1	2	9	3	7	8
7	1	2	3	8	5	4	6	9
9	3	8	6	4	7	1	2	5
1	7	5	4	6	3	8	9	2
6	8	3	7	9	2	5	1	4
2	4	9	8	5	1	7	3	6

answer 329

4	2	1	3	5	6	8	9	7
7	5	9	2	4	8	1	6	3
8	6	3	9	7	1	5	2	4
6	8	7	5	9	3	4	1	2
5	1	4	6	2	7	3	8	9
9	3	2	1	8	4	7	5	6
2	4	8	7	6	5	9	3	1
1	9	5	4	3	2	6	7	8
3	7	6	8	1	9	2	4	5

answer 330

3	2	8	6	9	7	1	4	5
9	7	5	4	1	8	6	3	2
6	4	1	3	5	2	9	7	8
8	3	7	1	2	6	4	5	9
5	1	2	9	4	3	8	6	7
4	9	6	7	8	5	2	1	3
7	8	3	2	6	4	5	9	1
1	5	4	8	3	9	7	2	6
2	6	9	5	7	1	3	8	4

answer 331

4	7	1	6	8	3	5	2	9
3	8	5	1	9	2	7	4	6
2	9	6	4	7	5	8	1	3
7	6	4	8	5	1	3	9	2
9	5	2	3	4	7	6	8	1
1	3	8	9	2	6	4	7	5
5	1	7	2	6	4	9	3	8
8	4	3	5	1	9	2	6	7
6	2	9	7	3	8	1	5	4

answer 332

9	3	8	2	6	5	4	1	7
7	2	6	4	1	8	5	3	9
1	4	5	7	9	3	6	2	8
6	1	3	9	8	2	7	4	5
8	5	7	1	3	4	9	6	2
4	9	2	5	7	6	1	8	3
5	8	9	3	4	1	2	7	6
3	7	1	6	2	9	8	5	4
2	6	4	8	5	7	3	9	1

answer 333

3	6	9	7	1	4	5	2	8
4	2	5	8	3	6	7	9	1
7	8	1	5	9	2	4	3	6
1	9	2	6	4	3	8	5	7
6	3	8	2	7	5	1	4	9
5	4	7	1	8	9	3	6	2
2	7	6	4	5	1	9	8	3
9	1	4	3	6	8	2	7	5
8	5	3	9	2	7	6	1	4

answer 334

1	7	4	9	5	3	8	2	6
6	8	9	1	2	4	7	3	5
5	2	3	6	8	7	9	1	4
9	4	2	3	7	6	1	5	8
7	1	8	2	4	5	3	6	9
3	5	6	8	1	9	4	7	2
2	6	7	4	3	8	5	9	1
4	3	1	5	9	2	6	8	7
8	9	5	7	6	1	2	4	3

answer 335

6	4	7	9	8	5	2	3	1
8	3	9	2	1	4	6	5	7
2	5	1	7	3	6	9	8	4
7	1	8	3	5	2	4	6	9
3	2	6	4	7	9	8	1	5
4	9	5	1	6	8	7	2	3
5	8	3	6	9	7	1	4	2
9	6	4	5	2	1	3	7	8
1	7	2	8	4	3	5	9	6

answer 336

6	5	7	8	1	3	2	9	4
2	4	8	7	6	9	5	1	3
1	9	3	2	5	4	8	6	7
5	8	1	6	4	7	3	2	9
9	6	4	3	8	2	7	5	1
3	7	2	5	9	1	6	4	8
8	2	9	1	7	5	4	3	6
4	3	6	9	2	8	1	7	5
7	1	5	4	3	6	9	8	2

answer 337

9	8	7	3	4	5	1	2	6
2	5	1	8	6	7	4	9	3
6	4	3	1	9	2	7	8	5
8	1	2	9	7	6	3	5	4
3	7	4	2	5	1	9	6	8
5	9	6	4	3	8	2	1	7
7	2	8	5	1	3	6	4	9
1	6	9	7	8	4	5	3	2
4	3	5	6	2	9	8	7	1

answer 338

8	2	3	7	1	6	4	9	5
5	1	7	9	4	2	6	8	3
4	6	9	5	8	3	2	1	7
3	7	4	1	6	8	5	2	9
6	8	5	2	9	4	7	3	1
1	9	2	3	7	5	8	6	4
2	3	6	4	5	1	9	7	8
9	4	8	6	3	7	1	5	2
7	5	1	8	2	9	3	4	6

answer 339

8	7	3	5	4	1	6	2	9
9	2	6	7	3	8	1	4	5
1	4	5	2	9	6	7	3	8
4	5	9	1	8	7	3	6	2
3	8	2	4	6	5	9	7	1
6	1	7	3	2	9	8	5	4
2	6	8	9	7	4	5	1	3
7	3	1	8	5	2	4	9	6
5	9	4	6	1	3	2	8	7

answer 340

7	4	2	8	3	6	9	5	1
3	9	6	4	5	1	8	2	7
1	5	8	9	7	2	6	3	4
8	6	9	7	2	3	1	4	5
4	3	1	5	8	9	7	6	2
2	7	5	6	1	4	3	9	8
9	8	7	3	4	5	2	1	6
5	1	3	2	6	8	4	7	9
6	2	4	1	9	7	5	8	3

answer 341

9	5	6	1	3	7	8	2	4
3	1	4	5	2	8	7	9	6
7	8	2	9	6	4	3	5	1
4	6	9	3	7	2	1	8	5
1	7	5	6	8	9	4	3	2
8	2	3	4	1	5	6	7	9
5	9	8	7	4	6	2	1	3
6	3	7	2	9	1	5	4	8
2	4	1	8	5	3	9	6	7

answer 342

4	9	5	8	2	7	3	1	6
2	3	8	1	6	9	7	4	5
6	1	7	3	4	5	9	8	2
1	5	6	4	9	8	2	7	3
8	2	3	7	5	6	4	9	1
7	4	9	2	1	3	5	6	8
9	7	1	6	3	2	8	5	4
3	8	4	5	7	1	6	2	9
5	6	2	9	8	4	1	3	7

answer 343

3	2	8	7	9	5	4	6	1
6	9	4	8	3	1	5	2	7
5	1	7	6	2	4	8	3	9
2	5	6	4	7	9	1	8	3
4	7	3	5	1	8	6	9	2
1	8	9	3	6	2	7	4	5
8	4	2	9	5	7	3	1	6
9	3	5	1	8	6	2	7	4
7	6	1	2	4	3	9	5	8

answer 344

8	3	1	4	7	2	6	9	5
6	9	7	8	5	3	1	4	2
5	2	4	1	6	9	8	3	7
2	4	8	9	3	7	5	1	6
7	6	9	5	1	4	2	8	3
1	5	3	6	2	8	9	7	4
9	8	2	7	4	6	3	5	1
4	1	6	3	8	5	7	2	9
3	7	5	2	9	1	4	6	8

answer 345

9	2	3	5	1	8	7	6	4
7	6	1	2	3	4	5	8	9
4	5	8	6	7	9	2	1	3
8	1	7	3	9	5	4	2	6
5	9	6	4	2	7	1	3	8
3	4	2	8	6	1	9	5	7
6	8	4	7	5	2	3	9	1
2	7	9	1	8	3	6	4	5
1	3	5	9	4	6	8	7	2

answer 346

3	2	1	7	5	4	6	9	8
6	4	5	3	8	9	2	1	7
7	9	8	6	2	1	4	3	5
4	5	7	9	6	2	1	8	3
9	8	6	5	1	3	7	4	2
2	1	3	4	7	8	9	5	6
8	6	2	1	9	5	3	7	4
5	3	9	2	4	7	8	6	1
1	7	4	8	3	6	5	2	9

answer 347

6	1	9	5	8	2	3	7	4
2	7	4	1	9	3	5	8	6
3	5	8	4	6	7	1	9	2
4	3	1	2	7	8	9	6	5
9	8	5	6	3	4	2	1	7
7	6	2	9	5	1	4	3	8
1	9	6	8	4	5	7	2	3
5	2	7	3	1	6	8	4	9
8	4	3	7	2	9	6	5	1

answer 348

3	5	7	9	2	4	1	6	8
2	4	1	8	6	3	7	5	9
8	9	6	7	1	5	2	4	3
4	6	3	1	8	9	5	2	7
1	2	8	5	3	7	4	9	6
9	7	5	6	4	2	3	8	1
5	1	2	3	9	8	6	7	4
6	8	4	2	7	1	9	3	5
7	3	9	4	5	6	8	1	2

answer 349

6	2	7	4	1	8	5	9	3
9	5	8	3	7	6	1	2	4
1	4	3	5	2	9	8	6	7
2	1	5	7	8	4	6	3	9
7	6	4	9	3	1	2	5	8
3	8	9	2	6	5	7	4	1
4	7	2	1	5	3	9	8	6
5	3	6	8	9	7	4	1	2
8	9	1	6	4	2	3	7	5

answer 350

5	7	3	4	2	1	8	9	6
6	1	2	7	9	8	3	4	5
9	4	8	6	5	3	1	7	2
2	3	4	5	6	9	7	8	1
1	5	7	2	8	4	6	3	9
8	9	6	1	3	7	5	2	4
3	6	1	8	4	2	9	5	7
7	2	9	3	1	5	4	6	8
4	8	5	9	7	6	2	1	3

answer 351

1	8	7	3	6	4	5	2	9
3	9	2	7	1	5	8	6	4
5	4	6	2	9	8	1	3	7
2	6	9	1	3	7	4	5	8
4	5	1	9	8	6	3	7	2
8	7	3	4	5	2	9	1	6
6	2	8	5	4	3	7	9	1
7	1	5	8	2	9	6	4	3
9	3	4	6	7	1	2	8	5

answer 352

9	2	1	6	7	3	4	8	5
8	4	3	9	1	5	2	6	7
6	5	7	2	4	8	1	3	9
4	9	2	5	8	7	6	1	3
5	1	8	3	6	9	7	2	4
7	3	6	4	2	1	9	5	8
2	7	9	8	5	6	3	4	1
1	6	5	7	3	4	8	9	2
3	8	4	1	9	2	5	7	6

answer 353

3	4	6	7	1	5	2	9	8
9	1	7	4	8	2	6	5	3
8	2	5	6	3	9	1	4	7
7	5	1	8	9	4	3	6	2
4	3	8	5	2	6	7	1	9
2	6	9	1	7	3	5	8	4
1	8	4	3	6	7	9	2	5
5	7	2	9	4	1	8	3	6
6	9	3	2	5	8	4	7	1

answer 354

9	8	1	7	6	2	5	3	4
2	6	5	4	1	3	8	7	9
4	3	7	9	5	8	2	1	6
6	5	4	1	8	9	7	2	3
1	9	8	2	3	7	4	6	5
7	2	3	6	4	5	9	8	1
5	7	6	8	9	1	3	4	2
3	1	2	5	7	4	6	9	8
8	4	9	3	2	6	1	5	7

answer 355

4	1	2	6	7	9	3	5	8
3	8	5	1	4	2	7	6	9
6	9	7	3	5	8	1	2	4
2	6	9	8	3	4	5	7	1
5	7	4	2	1	6	9	8	3
1	3	8	7	9	5	2	4	6
9	2	6	5	8	1	4	3	7
8	4	3	9	2	7	6	1	5
7	5	1	4	6	3	8	9	2

answer 356

7	4	5	9	2	6	3	8	1
8	1	9	7	3	4	6	2	5
6	3	2	5	8	1	4	9	7
5	6	3	2	7	8	1	4	9
1	9	4	3	6	5	8	7	2
2	8	7	4	1	9	5	3	6
4	5	8	1	9	7	2	6	3
3	7	1	6	4	2	9	5	8
9	2	6	8	5	3	7	1	4

answer 357

5	1	3	6	4	7	9	2	8
2	4	8	9	3	5	6	7	1
6	9	7	2	1	8	3	5	4
4	2	6	7	5	1	8	9	3
1	7	9	8	6	3	2	4	5
3	8	5	4	9	2	1	6	7
9	3	1	5	2	4	7	8	6
8	5	2	3	7	6	4	1	9
7	6	4	1	8	9	5	3	2

answer 358

7	9	1	6	4	5	8	3	2
6	4	2	3	8	9	7	5	1
8	5	3	7	2	1	4	9	6
4	8	7	5	3	2	6	1	9
5	3	6	1	9	4	2	8	7
2	1	9	8	7	6	3	4	5
1	2	4	9	6	8	5	7	3
9	7	8	2	5	3	1	6	4
3	6	5	4	1	7	9	2	8

answer 359

6	1	5	2	4	8	3	9	7
4	8	3	5	7	9	2	6	1
9	7	2	1	3	6	8	4	5
5	9	7	4	2	3	6	1	8
8	3	4	6	1	7	9	5	2
2	6	1	8	9	5	4	7	3
3	2	9	7	5	4	1	8	6
1	5	6	9	8	2	7	3	4
7	4	8	3	6	1	5	2	9

answer 360

2	3	1	9	5	7	4	6	8
7	5	8	6	2	4	9	3	1
9	6	4	3	8	1	7	5	2
5	9	2	4	7	3	1	8	6
8	4	7	1	6	5	3	2	9
3	1	6	2	9	8	5	7	4
4	7	3	8	1	2	6	9	5
1	2	9	5	3	6	8	4	7
6	8	5	7	4	9	2	1	3

answer 361

1	8	5	2	9	6	4	3	7
4	6	7	3	8	1	5	2	9
3	2	9	4	7	5	1	6	8
5	1	8	6	2	3	9	7	4
7	3	4	9	1	8	6	5	2
2	9	6	5	4	7	8	1	3
9	5	1	8	3	2	7	4	6
6	4	3	7	5	9	2	8	1
8	7	2	1	6	4	3	9	5

answer 362

3	7	2	4	6	9	5	8	1
9	5	6	8	2	1	7	3	4
4	1	8	7	5	3	6	9	2
7	4	3	2	1	6	8	5	9
6	9	1	5	4	8	2	7	3
2	8	5	3	9	7	1	4	6
1	2	4	9	8	5	3	6	7
8	6	7	1	3	4	9	2	5
5	3	9	6	7	2	4	1	8

answer 363

6	8	5	7	3	9	1	2	4
9	3	1	2	4	5	8	7	6
2	4	7	1	8	6	5	3	9
5	9	3	8	1	7	6	4	2
1	2	4	6	5	3	7	9	8
7	6	8	4	9	2	3	5	1
8	5	9	3	2	1	4	6	7
3	1	6	9	7	4	2	8	5
4	7	2	5	6	8	9	1	3

answer 364

4	1	5	9	6	2	7	8	3
7	8	9	4	1	3	2	5	6
3	6	2	8	7	5	1	4	9
9	3	8	5	2	7	6	1	4
6	2	7	1	9	4	8	3	5
1	5	4	6	3	8	9	7	2
5	7	6	3	8	9	4	2	1
2	9	3	7	4	1	5	6	8
8	4	1	2	5	6	3	9	7

answer 365

4	6	9	3	5	2	8	7	1
2	1	3	7	9	8	6	5	4
7	5	8	6	1	4	2	9	3
3	9	1	8	4	5	7	6	2
5	8	2	1	7	6	3	4	9
6	4	7	2	3	9	5	1	8
8	2	4	5	6	1	9	3	7
1	3	6	9	2	7	4	8	5
9	7	5	4	8	3	1	2	6

answer 366

2	5	3	6	4	1	7	8	9
8	9	6	5	2	7	1	4	3
1	4	7	3	8	9	2	6	5
9	7	8	4	3	5	6	1	2
5	6	4	7	1	2	9	3	8
3	1	2	9	6	8	4	5	7
6	2	9	8	5	4	3	7	1
7	3	5	1	9	6	8	2	4
4	8	1	2	7	3	5	9	6

answer 367

8	7	3	9	6	2	4	1	5
6	4	2	1	5	8	9	3	7
9	1	5	7	4	3	2	6	8
1	2	6	3	7	5	8	9	4
3	5	4	8	9	1	6	7	2
7	9	8	4	2	6	1	5	3
2	3	9	5	1	4	7	8	6
4	8	1	6	3	7	5	2	9
5	6	7	2	8	9	3	4	1

answer 368

3	1	6	7	9	8	4	2	5
7	8	5	1	2	4	3	9	6
9	2	4	6	3	5	1	8	7
8	7	9	4	6	3	5	1	2
1	5	3	8	7	2	6	4	9
4	6	2	9	5	1	7	3	8
5	4	1	2	8	6	9	7	3
6	9	8	3	1	7	2	5	4
2	3	7	5	4	9	8	6	1

answer 369

1	8	5	6	2	7	3	4	9
2	4	7	9	8	3	1	5	6
3	9	6	5	4	1	8	7	2
6	3	4	2	1	9	5	8	7
5	1	9	7	6	8	2	3	4
8	7	2	4	3	5	9	6	1
4	6	1	3	5	2	7	9	8
7	5	8	1	9	6	4	2	3
9	2	3	8	7	4	6	1	5

answer 370

7	6	8	2	3	9	5	1	4
5	1	2	8	7	4	6	9	3
9	3	4	1	6	5	8	7	2
3	9	5	7	4	6	2	8	1
1	4	6	9	2	8	7	3	5
2	8	7	5	1	3	4	6	9
6	7	9	3	5	2	1	4	8
4	5	3	6	8	1	9	2	7
8	2	1	4	9	7	3	5	6

answer 371

4	7	8	6	3	1	2	5	9
3	5	9	8	4	2	6	1	7
2	1	6	9	5	7	4	8	3
6	2	1	7	8	9	3	4	5
7	8	4	5	6	3	9	2	1
5	9	3	2	1	4	7	6	8
8	3	5	4	7	6	1	9	2
9	6	7	1	2	8	5	3	4
1	4	2	3	9	5	8	7	6

answer 372

1	7	6	8	9	5	3	4	2
2	8	4	3	6	7	1	5	9
5	9	3	1	2	4	7	8	6
3	5	9	2	4	1	6	7	8
4	2	1	6	7	8	5	9	3
8	6	7	9	5	3	2	1	4
7	1	2	4	8	6	9	3	5
9	4	5	7	3	2	8	6	1
6	3	8	5	1	9	4	2	7

answer 373

6	3	9	5	8	2	4	7	1
2	8	4	7	1	9	6	5	3
1	5	7	4	6	3	9	8	2
7	4	5	9	3	8	2	1	6
3	6	2	1	4	7	5	9	8
9	1	8	6	2	5	3	4	7
4	9	1	3	7	6	8	2	5
8	7	6	2	5	4	1	3	9
5	2	3	8	9	1	7	6	4

answer 374

4	1	7	6	2	8	3	5	9
3	6	8	4	9	5	2	7	1
2	9	5	3	7	1	6	8	4
7	5	4	2	8	9	1	6	3
9	2	3	7	1	6	5	4	8
1	8	6	5	4	3	9	2	7
6	4	2	1	3	7	8	9	5
8	7	1	9	5	2	4	3	6
5	3	9	8	6	4	7	1	2

answer 375

9	4	1	5	7	3	6	2	8
3	6	7	2	8	4	9	1	5
2	5	8	6	9	1	4	3	7
7	8	4	1	5	2	3	6	9
1	2	6	7	3	9	5	8	4
5	3	9	8	4	6	1	7	2
8	7	3	9	6	5	2	4	1
4	9	2	3	1	8	7	5	6
6	1	5	4	2	7	8	9	3

answer 376

3	4	5	9	8	7	6	1	2
9	7	2	6	1	3	8	4	5
8	1	6	4	2	5	7	3	9
5	8	7	1	3	9	4	2	6
6	2	4	7	5	8	3	9	1
1	3	9	2	6	4	5	8	7
4	6	3	5	9	1	2	7	8
7	5	1	8	4	2	9	6	3
2	9	8	3	7	6	1	5	4

answer 377

4	8	3	1	2	5	6	7	9
6	1	2	7	4	9	3	8	5
5	7	9	3	8	6	4	2	1
1	6	7	4	3	2	9	5	8
9	2	4	8	5	1	7	3	6
3	5	8	9	6	7	1	4	2
7	4	5	6	9	8	2	1	3
2	3	6	5	1	4	8	9	7
8	9	1	2	7	3	5	6	4

answer 378

1	7	8	4	3	5	9	2	6
4	9	6	2	7	1	5	3	8
3	5	2	6	8	9	1	4	7
5	4	1	8	2	6	3	7	9
8	2	3	9	1	7	6	5	4
7	6	9	3	5	4	2	8	1
9	1	7	5	4	3	8	6	2
2	3	4	1	6	8	7	9	5
6	8	5	7	9	2	4	1	3

answer 379

2	9	8	1	7	3	6	4	5
4	6	7	2	5	9	3	8	1
3	5	1	4	8	6	7	2	9
7	8	2	3	6	5	9	1	4
5	4	6	9	1	8	2	7	3
1	3	9	7	2	4	5	6	8
6	7	4	5	3	1	8	9	2
8	1	3	6	9	2	4	5	7
9	2	5	8	4	7	1	3	6

answer 380

9	5	7	3	6	2	8	1	4
8	3	6	1	4	5	9	7	2
1	2	4	9	7	8	3	5	6
7	8	2	4	5	9	6	3	1
6	1	9	7	8	3	4	2	5
3	4	5	6	2	1	7	9	8
5	7	8	2	3	4	1	6	9
2	6	1	8	9	7	5	4	3
4	9	3	5	1	6	2	8	7

answer 381

7	3	9	6	4	2	8	5	1
2	1	8	7	5	3	6	4	9
5	6	4	1	9	8	7	3	2
3	7	5	4	6	1	9	2	8
6	9	2	3	8	7	4	1	5
8	4	1	9	2	5	3	6	7
1	8	6	2	7	4	5	9	3
4	2	7	5	3	9	1	8	6
9	5	3	8	1	6	2	7	4

answer 382

3	4	6	7	2	8	9	1	5
5	8	7	6	1	9	2	4	3
2	9	1	4	5	3	7	6	8
1	7	2	3	4	5	6	8	9
8	3	9	1	7	6	4	5	2
4	6	5	9	8	2	1	3	7
9	1	3	8	6	7	5	2	4
6	2	8	5	9	4	3	7	1
7	5	4	2	3	1	8	9	6

answer 383

2	3	8	5	7	6	1	9	4
4	7	1	9	8	2	5	3	6
5	9	6	4	3	1	2	8	7
9	1	4	3	2	5	7	6	8
7	6	5	8	1	9	3	4	2
3	8	2	7	6	4	9	5	1
6	5	7	2	4	3	8	1	9
1	2	3	6	9	8	4	7	5
8	4	9	1	5	7	6	2	3

answer 384

3	6	2	7	4	9	8	1	5
4	8	1	5	2	6	7	3	9
9	5	7	3	8	1	2	6	4
1	4	8	6	7	3	5	9	2
2	3	6	9	5	8	1	4	7
7	9	5	2	1	4	6	8	3
5	1	9	4	6	7	3	2	8
6	2	4	8	3	5	9	7	1
8	7	3	1	9	2	4	5	6

answer 385

7	3	1	6	2	4	8	9	5
4	9	6	1	8	5	3	7	2
5	2	8	3	7	9	6	1	4
8	4	2	5	1	7	9	3	6
9	1	7	2	3	6	5	4	8
6	5	3	9	4	8	1	2	7
3	8	9	4	6	2	7	5	1
2	6	5	7	9	1	4	8	3
1	7	4	8	5	3	2	6	9

answer 386

3	1	5	6	4	2	8	7	9
4	9	8	5	3	7	6	2	1
7	2	6	1	8	9	4	5	3
1	5	2	3	9	8	7	6	4
6	8	3	7	1	4	2	9	5
9	7	4	2	5	6	1	3	8
5	6	1	4	2	3	9	8	7
8	3	7	9	6	1	5	4	2
2	4	9	8	7	5	3	1	6

answer 387

3	6	9	1	5	2	8	4	7
4	1	8	9	3	7	5	2	6
5	7	2	8	4	6	1	3	9
1	9	6	5	2	4	7	8	3
7	4	5	3	1	8	6	9	2
8	2	3	7	6	9	4	1	5
2	5	4	6	8	3	9	7	1
6	8	7	2	9	1	3	5	4
9	3	1	4	7	5	2	6	8

answer 388

6	3	5	4	9	1	8	2	7
8	2	9	7	6	5	1	4	3
1	7	4	3	8	2	6	5	9
4	1	7	9	3	6	2	8	5
5	9	6	8	2	4	7	3	1
3	8	2	5	1	7	9	6	4
9	5	1	6	4	8	3	7	2
2	4	8	1	7	3	5	9	6
7	6	3	2	5	9	4	1	8

answer 389

9	7	3	2	6	5	1	4	8
1	2	6	4	8	7	3	5	9
4	5	8	1	3	9	2	6	7
6	9	2	7	1	3	5	8	4
5	8	7	6	2	4	9	1	3
3	4	1	5	9	8	6	7	2
7	1	4	3	5	2	8	9	6
8	3	5	9	7	6	4	2	1
2	6	9	8	4	1	7	3	5

answer 390

7	1	8	3	9	5	6	4	2
4	5	6	7	2	1	9	8	3
2	9	3	6	8	4	7	1	5
1	8	5	2	4	9	3	7	6
9	7	4	1	3	6	2	5	8
3	6	2	8	5	7	4	9	1
8	4	1	9	6	3	5	2	7
5	3	7	4	1	2	8	6	9
6	2	9	5	7	8	1	3	4

answer 391

6	3	9	8	2	1	5	4	7
7	2	5	4	3	6	9	1	8
8	1	4	5	9	7	6	3	2
5	9	8	6	7	3	1	2	4
1	6	7	2	5	4	3	8	9
2	4	3	1	8	9	7	6	5
3	8	2	9	1	5	4	7	6
4	5	1	7	6	8	2	9	3
9	7	6	3	4	2	8	5	1

answer 392

1	9	6	7	2	4	3	5	8
2	3	8	5	9	1	4	7	6
4	7	5	6	8	3	1	2	9
7	2	9	8	1	5	6	4	3
8	6	4	3	7	2	9	1	5
3	5	1	9	4	6	7	8	2
6	1	3	2	5	7	8	9	4
9	4	2	1	6	8	5	3	7
5	8	7	4	3	9	2	6	1

answer 393

7	1	9	3	5	8	2	6	4
4	6	3	9	7	2	1	5	8
5	2	8	6	4	1	9	3	7
9	8	4	1	6	5	3	7	2
2	5	7	8	3	9	6	4	1
1	3	6	4	2	7	5	8	9
8	7	2	5	9	3	4	1	6
3	4	1	2	8	6	7	9	5
6	9	5	7	1	4	8	2	3

answer 394

4	6	1	5	8	7	9	2	3
3	2	7	9	1	4	5	6	8
8	5	9	3	2	6	7	1	4
2	1	4	8	6	5	3	9	7
6	7	8	4	9	3	2	5	1
5	9	3	2	7	1	8	4	6
7	4	5	1	3	2	6	8	9
1	8	6	7	5	9	4	3	2
9	3	2	6	4	8	1	7	5

answer 395

9	8	4	3	5	2	1	6	7
6	3	1	9	7	8	2	5	4
2	5	7	6	4	1	9	8	3
3	1	9	5	2	7	8	4	6
4	7	5	8	6	9	3	1	2
8	6	2	1	3	4	5	7	9
1	2	8	7	9	6	4	3	5
5	4	6	2	1	3	7	9	8
7	9	3	4	8	5	6	2	1

answer 396

1	8	6	2	4	5	7	9	3
5	2	4	3	9	7	8	6	1
3	7	9	1	8	6	4	5	2
9	5	8	6	3	1	2	4	7
4	1	7	8	2	9	5	3	6
2	6	3	7	5	4	1	8	9
7	4	5	9	6	2	3	1	8
6	3	2	5	1	8	9	7	4
8	9	1	4	7	3	6	2	5

answer 397

5	8	1	7	2	6	9	3	4
3	7	6	9	4	8	5	2	1
2	9	4	3	1	5	6	7	8
4	1	7	8	5	2	3	6	9
6	3	8	4	9	7	1	5	2
9	5	2	6	3	1	8	4	7
7	4	5	1	8	3	2	9	6
1	6	3	2	7	9	4	8	5
8	2	9	5	6	4	7	1	3

answer 398

5	9	4	1	2	3	7	6	8
2	7	3	6	5	8	4	1	9
6	8	1	9	4	7	2	5	3
4	2	9	5	8	1	3	7	6
3	6	7	2	9	4	5	8	1
1	5	8	3	7	6	9	2	4
8	3	2	4	1	5	6	9	7
7	4	5	8	6	9	1	3	2
9	1	6	7	3	2	8	4	5

answer 399

1	4	8	9	6	7	3	5	2
3	5	6	2	4	8	9	7	1
2	9	7	5	3	1	6	8	4
7	3	9	6	1	2	8	4	5
5	6	4	8	7	9	1	2	3
8	1	2	4	5	3	7	6	9
6	8	5	1	9	4	2	3	7
4	7	1	3	2	6	5	9	8
9	2	3	7	8	5	4	1	6

answer 400

1	6	9	3	5	7	8	4	2
4	2	5	8	1	9	3	6	7
7	8	3	4	6	2	5	9	1
9	7	4	6	8	1	2	3	5
3	5	6	2	7	4	9	1	8
8	1	2	9	3	5	4	7	6
5	9	7	1	4	8	6	2	3
6	4	1	5	2	3	7	8	9
2	3	8	7	9	6	1	5	4

answer 401

4	7	5	6	8	9	1	3	2
2	3	1	7	5	4	8	9	6
8	9	6	1	2	3	4	5	7
3	2	7	8	4	6	5	1	9
6	4	9	5	1	7	3	2	8
1	5	8	9	3	2	6	7	4
7	1	4	2	6	5	9	8	3
5	6	2	3	9	8	7	4	1
9	8	3	4	7	1	2	6	5

answer 402

7	4	3	9	2	6	8	5	1
8	1	9	4	3	5	7	2	6
6	5	2	7	8	1	3	4	9
9	6	1	2	5	7	4	8	3
3	7	4	1	6	8	5	9	2
2	8	5	3	4	9	6	1	7
1	3	8	5	7	2	9	6	4
5	2	7	6	9	4	1	3	8
4	9	6	8	1	3	2	7	5

answer 403

3	9	6	8	1	7	5	2	4
4	7	1	2	6	5	9	3	8
5	2	8	9	3	4	7	6	1
1	4	5	7	2	6	8	9	3
7	3	2	1	8	9	6	4	5
6	8	9	5	4	3	2	1	7
8	1	4	6	5	2	3	7	9
9	6	3	4	7	8	1	5	2
2	5	7	3	9	1	4	8	6

answer 404

3	7	1	2	4	6	8	5	9
5	4	9	1	7	8	6	2	3
2	8	6	3	5	9	1	4	7
6	3	5	4	2	7	9	8	1
8	9	7	5	6	1	4	3	2
4	1	2	8	9	3	7	6	5
7	2	4	9	8	5	3	1	6
1	6	8	7	3	2	5	9	4
9	5	3	6	1	4	2	7	8

answer 405

3	8	1	6	7	9	5	2	4
6	7	5	8	4	2	3	1	9
2	9	4	1	5	3	8	6	7
1	2	3	9	6	5	7	4	8
5	4	8	2	1	7	9	3	6
9	6	7	3	8	4	1	5	2
7	3	6	4	9	1	2	8	5
8	5	2	7	3	6	4	9	1
4	1	9	5	2	8	6	7	3

answer 406

4	3	8	2	1	6	7	5	9
1	9	5	3	8	7	4	6	2
2	7	6	9	5	4	3	1	8
9	6	3	7	4	2	1	8	5
7	8	2	5	6	1	9	3	4
5	4	1	8	3	9	2	7	6
8	5	9	1	2	3	6	4	7
6	1	7	4	9	5	8	2	3
3	2	4	6	7	8	5	9	1

answer 407

2	9	3	6	4	7	8	1	5
6	8	1	5	2	3	7	9	4
7	5	4	8	1	9	2	6	3
5	6	8	1	3	4	9	2	7
4	2	9	7	6	5	3	8	1
1	3	7	2	9	8	5	4	6
9	1	6	3	5	2	4	7	8
3	7	2	4	8	1	6	5	9
8	4	5	9	7	6	1	3	2

answer 408

5	2	6	1	4	9	7	8	3
7	8	1	3	2	6	4	5	9
4	3	9	5	7	8	6	1	2
3	5	8	9	6	4	2	7	1
6	1	2	8	3	7	9	4	5
9	4	7	2	1	5	3	6	8
2	9	4	6	8	1	5	3	7
8	7	5	4	9	3	1	2	6
1	6	3	7	5	2	8	9	4

answer 409

8	5	3	6	7	4	9	2	1
9	2	4	1	8	3	7	5	6
7	1	6	2	5	9	8	3	4
2	4	1	3	9	5	6	7	8
6	8	5	7	4	1	2	9	3
3	9	7	8	2	6	4	1	5
1	7	9	5	6	8	3	4	2
5	6	2	4	3	7	1	8	9
4	3	8	9	1	2	5	6	7

answer 410

5	2	3	9	1	6	7	4	8
6	4	7	2	3	8	5	1	9
8	1	9	5	7	4	6	2	3
9	7	8	3	5	2	1	6	4
1	3	5	6	4	7	8	9	2
4	6	2	1	8	9	3	7	5
3	5	4	7	2	1	9	8	6
7	8	6	4	9	3	2	5	1
2	9	1	8	6	5	4	3	7

answer 411

2	3	6	8	1	4	7	9	5
9	8	7	5	2	6	4	3	1
1	4	5	9	3	7	2	6	8
6	9	2	1	5	3	8	7	4
7	1	8	2	4	9	6	5	3
3	5	4	6	7	8	1	2	9
5	2	3	4	6	1	9	8	7
8	6	1	7	9	5	3	4	2
4	7	9	3	8	2	5	1	6

answer 412

4	5	9	2	3	6	1	8	7
2	8	6	9	7	1	5	4	3
1	3	7	5	4	8	6	9	2
3	9	1	7	8	4	2	5	6
5	7	2	1	6	9	8	3	4
8	6	4	3	2	5	7	1	9
9	2	8	6	5	3	4	7	1
6	1	5	4	9	7	3	2	8
7	4	3	8	1	2	9	6	5

answer 413

4	2	8	7	5	9	6	1	3
6	9	3	2	4	1	7	5	8
7	1	5	3	8	6	4	9	2
1	5	7	9	3	2	8	4	6
9	3	4	5	6	8	2	7	1
8	6	2	1	7	4	5	3	9
5	7	9	8	2	3	1	6	4
2	4	1	6	9	7	3	8	5
3	8	6	4	1	5	9	2	7

answer 414

6	5	4	1	7	9	2	3	8
1	8	3	2	4	6	5	7	9
2	9	7	3	5	8	1	4	6
9	1	2	6	3	7	4	8	5
3	6	5	4	8	1	9	2	7
7	4	8	9	2	5	6	1	3
5	2	6	7	1	3	8	9	4
8	7	1	5	9	4	3	6	2
4	3	9	8	6	2	7	5	1

answer 415

7	3	9	8	2	1	4	5	6
2	4	6	9	5	3	7	8	1
5	1	8	7	4	6	3	9	2
3	5	1	4	8	9	6	2	7
8	6	2	1	3	7	5	4	9
4	9	7	5	6	2	1	3	8
6	8	5	2	7	4	9	1	3
1	7	4	3	9	8	2	6	5
9	2	3	6	1	5	8	7	4

answer 416

3	4	8	6	5	9	2	1	7
9	6	2	4	1	7	3	8	5
7	5	1	8	3	2	4	9	6
1	2	3	9	8	5	7	6	4
4	7	5	3	6	1	8	2	9
8	9	6	7	2	4	1	5	3
5	8	4	1	7	6	9	3	2
2	3	7	5	9	8	6	4	1
6	1	9	2	4	3	5	7	8

answer 417

5	6	8	1	2	3	7	4	9
3	9	1	4	7	5	2	6	8
2	7	4	8	9	6	5	1	3
4	1	9	5	8	2	3	7	6
8	3	2	6	1	7	4	9	5
7	5	6	9	3	4	8	2	1
6	4	3	7	5	9	1	8	2
1	2	7	3	6	8	9	5	4
9	8	5	2	4	1	6	3	7

answer 418

2	7	6	8	4	1	3	9	5
4	8	3	9	5	2	6	7	1
9	5	1	7	6	3	8	2	4
5	1	4	3	2	7	9	8	6
6	3	9	1	8	5	7	4	2
7	2	8	4	9	6	5	1	3
3	9	2	6	7	4	1	5	8
8	6	5	2	1	9	4	3	7
1	4	7	5	3	8	2	6	9

answer 419

1	4	2	6	3	7	5	8	9
5	6	9	8	1	2	7	3	4
7	8	3	5	9	4	2	1	6
6	3	1	9	2	5	8	4	7
9	7	8	3	4	6	1	5	2
2	5	4	1	7	8	9	6	3
3	9	5	7	6	1	4	2	8
4	1	7	2	8	3	6	9	5
8	2	6	4	5	9	3	7	1

answer 420

3	8	2	7	5	4	1	6	9
6	5	7	2	9	1	4	8	3
1	4	9	3	8	6	5	7	2
5	2	6	9	1	3	8	4	7
4	3	1	5	7	8	9	2	6
9	7	8	6	4	2	3	5	1
2	1	5	8	6	9	7	3	4
8	9	3	4	2	7	6	1	5
7	6	4	1	3	5	2	9	8

answer 421

9	3	5	1	8	4	2	7	6
8	2	1	6	7	5	4	3	9
4	7	6	9	3	2	1	5	8
3	6	4	5	1	7	9	8	2
1	8	7	2	9	6	5	4	3
2	5	9	8	4	3	7	6	1
6	1	8	4	5	9	3	2	7
7	4	2	3	6	1	8	9	5
5	9	3	7	2	8	6	1	4

answer 422

7	9	3	1	4	6	2	8	5
8	2	1	9	5	3	4	7	6
4	5	6	8	2	7	1	3	9
6	1	8	2	9	4	3	5	7
2	3	7	6	1	5	9	4	8
9	4	5	7	3	8	6	2	1
1	8	9	4	7	2	5	6	3
3	6	4	5	8	1	7	9	2
5	7	2	3	6	9	8	1	4

answer 423

2	8	1	5	4	7	9	6	3
9	5	6	2	1	3	4	8	7
7	3	4	9	6	8	2	1	5
5	9	2	1	3	6	7	4	8
4	7	3	8	5	9	1	2	6
6	1	8	4	7	2	5	3	9
8	2	7	3	9	4	6	5	1
3	6	5	7	2	1	8	9	4
1	4	9	6	8	5	3	7	2

answer 424

6	9	1	4	5	8	3	7	2
8	3	7	2	9	6	4	5	1
5	4	2	7	3	1	8	6	9
3	6	8	5	7	9	1	2	4
1	7	9	8	4	2	6	3	5
2	5	4	1	6	3	7	9	8
4	8	6	9	2	7	5	1	3
7	2	5	3	1	4	9	8	6
9	1	3	6	8	5	2	4	7

answer 425

9	5	7	6	8	1	2	3	4
4	6	3	2	5	7	8	9	1
1	2	8	3	4	9	5	7	6
8	3	6	7	1	5	4	2	9
7	4	2	8	9	6	1	5	3
5	9	1	4	2	3	6	8	7
6	7	5	1	3	8	9	4	2
2	1	9	5	7	4	3	6	8
3	8	4	9	6	2	7	1	5

answer 426

6	2	3	1	9	8	4	5	7
1	8	4	5	6	7	3	9	2
9	5	7	2	3	4	1	8	6
8	4	2	9	7	3	5	6	1
7	6	5	8	4	1	2	3	9
3	1	9	6	5	2	8	7	4
4	7	8	3	1	9	6	2	5
5	3	1	7	2	6	9	4	8
2	9	6	4	8	5	7	1	3

answer 427

2	6	8	9	4	5	3	7	1
7	3	5	1	8	6	2	9	4
1	4	9	7	2	3	6	8	5
9	7	6	4	3	1	8	5	2
3	8	4	2	5	7	1	6	9
5	2	1	8	6	9	7	4	3
8	5	3	6	9	2	4	1	7
6	1	2	5	7	4	9	3	8
4	9	7	3	1	8	5	2	6

answer 428

9	5	6	3	8	2	4	1	7
8	1	7	9	6	4	3	5	2
4	3	2	7	5	1	9	6	8
6	9	8	2	4	5	7	3	1
3	2	1	8	7	9	5	4	6
5	7	4	6	1	3	8	2	9
7	4	5	1	2	8	6	9	3
1	8	9	4	3	6	2	7	5
2	6	3	5	9	7	1	8	4

answer 429

7	6	4	1	2	3	9	8	5
3	2	1	8	5	9	6	7	4
9	8	5	7	6	4	1	3	2
4	9	3	5	1	7	8	2	6
2	1	7	6	9	8	5	4	3
8	5	6	4	3	2	7	9	1
6	3	8	2	7	5	4	1	9
1	4	9	3	8	6	2	5	7
5	7	2	9	4	1	3	6	8

answer 430

4	1	3	6	5	7	9	2	8
5	8	7	9	2	4	6	1	3
6	9	2	3	1	8	7	4	5
1	4	6	8	9	2	3	5	7
3	2	9	7	4	5	1	8	6
8	7	5	1	6	3	2	9	4
7	5	1	2	8	6	4	3	9
9	6	4	5	3	1	8	7	2
2	3	8	4	7	9	5	6	1

answer 431

8	1	6	3	7	9	2	4	5
5	2	7	8	4	6	1	3	9
9	4	3	2	5	1	7	6	8
2	6	5	9	1	8	4	7	3
1	9	8	4	3	7	6	5	2
7	3	4	5	6	2	8	9	1
4	8	2	7	9	3	5	1	6
6	5	9	1	2	4	3	8	7
3	7	1	6	8	5	9	2	4

answer 432

4	7	5	8	9	3	6	1	2
3	2	1	7	6	5	9	4	8
9	6	8	2	1	4	3	5	7
2	8	7	5	4	6	1	3	9
6	3	9	1	7	2	4	8	5
1	5	4	3	8	9	2	7	6
8	4	2	9	5	1	7	6	3
7	1	3	6	2	8	5	9	4
5	9	6	4	3	7	8	2	1

answer 433

3	7	2	9	8	1	5	4	6
6	9	8	4	5	2	3	7	1
5	1	4	6	3	7	9	8	2
4	2	1	8	7	3	6	5	9
7	3	9	1	6	5	8	2	4
8	6	5	2	9	4	7	1	3
1	8	7	3	4	9	2	6	5
2	5	3	7	1	6	4	9	8
9	4	6	5	2	8	1	3	7

answer 434

4	2	7	5	9	3	6	8	1
9	3	6	1	2	8	5	7	4
5	8	1	7	4	6	3	9	2
8	6	9	2	3	4	1	5	7
7	1	3	8	5	9	4	2	6
2	4	5	6	7	1	9	3	8
6	9	4	3	8	2	7	1	5
1	7	2	9	6	5	8	4	3
3	5	8	4	1	7	2	6	9

answer 435

8	6	2	3	9	4	1	7	5
5	3	4	1	2	7	8	9	6
7	1	9	6	5	8	2	4	3
1	9	8	5	7	6	4	3	2
6	2	7	4	1	3	9	5	8
4	5	3	9	8	2	7	6	1
2	4	5	7	3	1	6	8	9
3	8	6	2	4	9	5	1	7
9	7	1	8	6	5	3	2	4

answer 436

9	6	4	3	2	5	7	1	8
7	1	2	6	8	4	5	3	9
3	8	5	1	7	9	2	6	4
6	5	9	7	3	1	8	4	2
4	2	1	8	5	6	9	7	3
8	3	7	4	9	2	6	5	1
5	7	3	9	1	8	4	2	6
1	4	8	2	6	7	3	9	5
2	9	6	5	4	3	1	8	7

answer 437

4	2	5	6	9	8	3	7	1
3	6	9	2	7	1	8	5	4
1	7	8	4	3	5	9	2	6
7	9	4	5	6	2	1	8	3
5	3	6	1	8	7	2	4	9
8	1	2	3	4	9	7	6	5
2	5	3	7	1	6	4	9	8
9	4	7	8	5	3	6	1	2
6	8	1	9	2	4	5	3	7

answer 438

7	3	2	9	1	5	8	6	4
5	1	8	6	4	2	7	3	9
9	6	4	7	8	3	1	2	5
4	9	7	3	6	1	5	8	2
3	8	6	2	5	9	4	7	1
1	2	5	8	7	4	3	9	6
6	5	3	4	9	7	2	1	8
8	7	1	5	2	6	9	4	3
2	4	9	1	3	8	6	5	7

answer 439

9	7	5	3	2	1	6	8	4
1	8	6	7	5	4	3	9	2
4	3	2	9	8	6	7	1	5
5	6	1	4	3	7	8	2	9
7	9	8	2	6	5	4	3	1
2	4	3	1	9	8	5	7	6
8	1	9	5	4	3	2	6	7
6	5	7	8	1	2	9	4	3
3	2	4	6	7	9	1	5	8

answer 440

2	3	6	4	8	1	7	5	9
4	1	5	7	3	9	2	8	6
9	8	7	2	6	5	4	3	1
7	9	8	5	2	6	3	1	4
3	6	4	9	1	8	5	7	2
1	5	2	3	4	7	6	9	8
5	2	3	1	9	4	8	6	7
6	7	9	8	5	2	1	4	3
8	4	1	6	7	3	9	2	5

answer 441

5	2	8	3	4	6	1	7	9
7	4	6	9	5	1	3	8	2
9	3	1	2	7	8	4	5	6
4	1	2	6	9	7	5	3	8
8	6	7	1	3	5	2	9	4
3	5	9	8	2	4	7	6	1
6	7	5	4	1	9	8	2	3
1	8	3	5	6	2	9	4	7
2	9	4	7	8	3	6	1	5

answer 442

2	8	9	3	4	5	7	6	1
3	5	6	7	8	1	9	2	4
7	1	4	6	2	9	3	5	8
1	2	8	9	7	4	5	3	6
6	4	5	1	3	2	8	7	9
9	7	3	8	5	6	4	1	2
4	3	2	5	1	8	6	9	7
5	6	1	4	9	7	2	8	3
8	9	7	2	6	3	1	4	5

answer 443

5	2	4	1	3	7	8	9	6
6	3	9	4	5	8	2	7	1
8	1	7	6	9	2	5	4	3
4	5	1	9	2	3	6	8	7
7	8	3	5	1	6	9	2	4
9	6	2	7	8	4	1	3	5
1	4	5	2	7	9	3	6	8
2	7	8	3	6	1	4	5	9
3	9	6	8	4	5	7	1	2

answer 444

7	8	4	1	5	9	6	3	2
1	5	6	2	7	3	8	4	9
2	9	3	6	4	8	1	7	5
5	6	1	4	3	2	7	9	8
3	4	9	8	6	7	5	2	1
8	2	7	9	1	5	3	6	4
6	1	8	3	9	4	2	5	7
9	7	2	5	8	6	4	1	3
4	3	5	7	2	1	9	8	6

answer 445

5	8	7	6	3	2	4	1	9
3	6	9	5	1	4	2	7	8
2	1	4	7	9	8	3	6	5
6	2	8	1	7	5	9	3	4
9	4	1	8	2	3	7	5	6
7	3	5	4	6	9	1	8	2
4	7	3	2	5	6	8	9	1
1	5	2	9	8	7	6	4	3
8	9	6	3	4	1	5	2	7

answer 446

1	8	7	4	6	2	3	5	9
6	3	4	9	8	5	7	2	1
9	5	2	1	3	7	6	4	8
2	1	8	5	4	3	9	7	6
4	9	5	6	7	1	8	3	2
7	6	3	2	9	8	5	1	4
5	4	9	7	1	6	2	8	3
3	2	1	8	5	9	4	6	7
8	7	6	3	2	4	1	9	5

answer 447

4	5	9	2	1	7	6	3	8
1	6	7	3	8	5	9	2	4
3	2	8	9	4	6	7	5	1
7	4	5	1	6	9	3	8	2
9	1	3	7	2	8	4	6	5
6	8	2	5	3	4	1	7	9
5	7	6	4	9	2	8	1	3
2	3	4	8	7	1	5	9	6
8	9	1	6	5	3	2	4	7

answer 448

5	8	7	4	6	9	2	1	3
2	6	3	8	1	7	5	4	9
9	1	4	3	2	5	8	7	6
1	4	8	7	3	6	9	2	5
3	2	5	9	8	1	4	6	7
7	9	6	2	5	4	3	8	1
4	5	9	1	7	8	6	3	2
6	3	1	5	4	2	7	9	8
8	7	2	6	9	3	1	5	4

answer 449

1	5	9	2	6	4	8	7	3
3	8	4	1	7	9	6	2	5
6	2	7	5	3	8	9	1	4
9	7	5	8	2	1	4	3	6
2	6	8	3	4	7	5	9	1
4	3	1	6	9	5	2	8	7
7	9	2	4	5	3	1	6	8
8	4	6	7	1	2	3	5	9
5	1	3	9	8	6	7	4	2

answer 450

1	6	4	3	7	2	8	5	9
8	3	2	9	5	6	7	1	4
5	7	9	8	1	4	2	3	6
7	2	5	4	6	9	1	8	3
4	1	6	7	3	8	9	2	5
9	8	3	1	2	5	6	4	7
3	9	7	5	8	1	4	6	2
2	4	1	6	9	3	5	7	8
6	5	8	2	4	7	3	9	1

answer 451

2	3	1	5	4	8	7	6	9
5	9	6	7	3	1	4	8	2
7	8	4	2	9	6	1	3	5
4	5	7	8	1	3	2	9	6
3	1	9	4	6	2	5	7	8
8	6	2	9	5	7	3	4	1
1	4	5	3	8	9	6	2	7
6	7	8	1	2	4	9	5	3
9	2	3	6	7	5	8	1	4

answer 452

3	9	4	8	6	5	2	7	1
7	5	2	3	9	1	8	6	4
6	1	8	4	7	2	9	3	5
1	6	9	2	8	7	5	4	3
8	4	3	5	1	6	7	2	9
5	2	7	9	3	4	6	1	8
9	8	1	6	2	3	4	5	7
4	7	6	1	5	9	3	8	2
2	3	5	7	4	8	1	9	6

answer 453

1	4	3	6	7	2	5	9	8
7	6	9	5	1	8	3	2	4
8	5	2	4	9	3	7	1	6
4	2	5	9	6	7	8	3	1
9	1	6	3	8	5	4	7	2
3	8	7	2	4	1	9	6	5
6	9	8	1	3	4	2	5	7
5	7	1	8	2	9	6	4	3
2	3	4	7	5	6	1	8	9

answer 454

9	4	3	1	2	8	7	5	6
7	5	2	6	3	4	9	1	8
6	8	1	9	7	5	4	3	2
1	2	4	8	5	7	6	9	3
3	6	5	2	9	1	8	4	7
8	7	9	3	4	6	5	2	1
4	9	6	7	1	3	2	8	5
5	1	8	4	6	2	3	7	9
2	3	7	5	8	9	1	6	4

answer 455

4	6	8	7	2	1	5	3	9
2	1	9	5	3	4	8	7	6
3	7	5	9	8	6	1	4	2
9	5	2	4	6	7	3	8	1
6	8	3	1	5	2	4	9	7
1	4	7	8	9	3	6	2	5
8	9	1	3	7	5	2	6	4
7	2	4	6	1	8	9	5	3
5	3	6	2	4	9	7	1	8

answer 456

5	7	9	3	1	4	8	6	2
2	3	8	9	6	5	1	7	4
1	6	4	7	2	8	3	5	9
8	4	2	6	3	7	5	9	1
6	1	7	8	5	9	2	4	3
9	5	3	2	4	1	7	8	6
3	8	6	5	9	2	4	1	7
7	2	1	4	8	6	9	3	5
4	9	5	1	7	3	6	2	8

answer 457

6	1	8	4	3	2	9	5	7
7	3	4	8	5	9	1	2	6
5	9	2	6	1	7	4	8	3
9	2	1	7	8	5	6	3	4
4	6	7	9	2	3	8	1	5
8	5	3	1	4	6	7	9	2
3	8	6	5	9	4	2	7	1
2	7	9	3	6	1	5	4	8
1	4	5	2	7	8	3	6	9

answer 458

7	5	2	4	8	9	6	1	3
8	9	3	1	2	6	5	4	7
1	4	6	5	7	3	9	2	8
6	2	7	8	3	5	1	9	4
4	8	1	2	9	7	3	5	6
9	3	5	6	4	1	8	7	2
3	7	4	9	5	8	2	6	1
5	6	8	7	1	2	4	3	9
2	1	9	3	6	4	7	8	5

answer 459

3	5	9	2	6	1	7	8	4
7	2	8	4	3	5	9	1	6
4	6	1	7	8	9	3	2	5
5	9	4	8	1	2	6	7	3
6	8	2	3	4	7	5	9	1
1	3	7	5	9	6	8	4	2
9	7	5	1	2	3	4	6	8
8	1	6	9	5	4	2	3	7
2	4	3	6	7	8	1	5	9

answer 460

6	9	1	2	5	8	3	7	4
7	8	4	1	3	6	9	5	2
3	5	2	9	4	7	6	1	8
2	7	9	4	8	3	1	6	5
4	1	5	7	6	2	8	3	9
8	6	3	5	1	9	4	2	7
9	2	6	8	7	1	5	4	3
1	4	7	3	9	5	2	8	6
5	3	8	6	2	4	7	9	1

answer 461

3	8	5	6	9	1	4	2	7
4	6	9	7	2	3	8	1	5
7	2	1	5	8	4	6	3	9
1	9	7	2	4	8	3	5	6
2	3	4	9	5	6	7	8	1
8	5	6	1	3	7	9	4	2
9	4	2	8	7	5	1	6	3
5	1	8	3	6	9	2	7	4
6	7	3	4	1	2	5	9	8

answer 462

3	8	9	5	6	2	7	1	4
2	1	6	4	8	7	3	5	9
4	7	5	3	1	9	6	2	8
1	5	3	8	7	6	9	4	2
8	2	7	9	5	4	1	3	6
6	9	4	1	2	3	5	8	7
9	3	2	7	4	1	8	6	5
7	6	8	2	3	5	4	9	1
5	4	1	6	9	8	2	7	3

answer 463

4	6	9	3	5	1	8	2	7
8	2	3	4	6	7	5	1	9
5	1	7	8	2	9	4	3	6
6	5	8	1	9	4	3	7	2
1	3	2	7	8	5	6	9	4
7	9	4	2	3	6	1	8	5
9	4	1	5	7	3	2	6	8
2	7	5	6	1	8	9	4	3
3	8	6	9	4	2	7	5	1

answer 464

4	7	8	9	3	6	2	5	1
5	2	3	1	8	4	7	6	9
6	1	9	5	2	7	8	3	4
7	5	1	8	6	3	9	4	2
8	3	6	2	4	9	5	1	7
2	9	4	7	5	1	6	8	3
1	8	5	3	9	2	4	7	6
3	4	2	6	7	8	1	9	5
9	6	7	4	1	5	3	2	8

answer 465

1	9	3	7	8	2	4	5	6
8	7	4	6	9	5	1	3	2
6	5	2	4	3	1	7	8	9
2	6	9	1	7	8	3	4	5
7	8	5	2	4	3	9	6	1
4	3	1	5	6	9	2	7	8
9	4	7	8	1	6	5	2	3
5	1	6	3	2	7	8	9	4
3	2	8	9	5	4	6	1	7

answer 466

8	6	1	9	4	5	7	2	3
7	4	2	8	3	6	1	9	5
5	9	3	2	7	1	4	8	6
2	1	9	5	6	4	3	7	8
4	3	5	7	8	9	6	1	2
6	8	7	3	1	2	9	5	4
1	7	8	6	2	3	5	4	9
3	5	4	1	9	8	2	6	7
9	2	6	4	5	7	8	3	1

answer 467

6	8	4	5	9	7	2	1	3
7	2	1	8	4	3	5	9	6
9	3	5	2	1	6	4	7	8
3	6	7	1	5	9	8	2	4
1	5	8	3	2	4	9	6	7
4	9	2	7	6	8	1	3	5
8	1	6	4	3	2	7	5	9
5	7	9	6	8	1	3	4	2
2	4	3	9	7	5	6	8	1

answer 468

8	4	1	3	7	9	5	6	2
2	5	6	8	4	1	3	9	7
3	7	9	6	2	5	4	8	1
4	3	8	7	5	2	9	1	6
7	6	5	9	1	8	2	3	4
1	9	2	4	3	6	7	5	8
9	1	7	5	8	4	6	2	3
6	8	4	2	9	3	1	7	5
5	2	3	1	6	7	8	4	9

answer 469

9	5	8	2	4	1	6	7	3
4	3	2	7	6	5	8	1	9
6	1	7	8	9	3	5	2	4
1	2	9	4	7	6	3	5	8
3	7	4	1	5	8	2	9	6
5	8	6	9	3	2	1	4	7
7	6	5	3	1	9	4	8	2
2	9	3	5	8	4	7	6	1
8	4	1	6	2	7	9	3	5

answer 470

4	7	6	2	5	9	8	3	1
3	9	5	7	1	8	4	6	2
8	1	2	3	6	4	9	5	7
1	6	8	9	4	2	3	7	5
2	4	9	5	7	3	6	1	8
5	3	7	1	8	6	2	9	4
7	2	4	6	9	5	1	8	3
9	5	3	8	2	1	7	4	6
6	8	1	4	3	7	5	2	9

answer 471

4	6	7	2	1	8	5	9	3
9	1	5	7	3	4	8	6	2
8	3	2	9	5	6	4	1	7
6	7	3	1	9	5	2	8	4
2	9	8	4	6	7	3	5	1
1	5	4	3	8	2	6	7	9
3	8	9	5	2	1	7	4	6
5	4	1	6	7	3	9	2	8
7	2	6	8	4	9	1	3	5

answer 472

7	1	6	9	5	3	8	4	2
2	8	5	4	1	6	7	9	3
3	4	9	8	2	7	1	5	6
9	7	3	2	4	5	6	8	1
4	6	8	1	3	9	2	7	5
5	2	1	6	7	8	4	3	9
8	5	7	3	6	1	9	2	4
1	3	4	7	9	2	5	6	8
6	9	2	5	8	4	3	1	7

answer 473

7	6	5	9	1	8	2	4	3
4	1	3	5	7	2	6	9	8
2	8	9	6	4	3	1	7	5
1	3	7	2	6	5	9	8	4
8	4	2	7	3	9	5	1	6
5	9	6	1	8	4	7	3	2
6	2	8	4	9	1	3	5	7
9	7	4	3	5	6	8	2	1
3	5	1	8	2	7	4	6	9

answer 474

4	1	6	7	2	3	9	8	5
2	8	9	5	6	1	4	3	7
5	7	3	4	8	9	2	6	1
3	2	1	8	7	6	5	4	9
6	5	8	9	1	4	3	7	2
7	9	4	3	5	2	6	1	8
9	6	7	1	3	5	8	2	4
1	3	5	2	4	8	7	9	6
8	4	2	6	9	7	1	5	3

answer 475

1	8	7	2	6	4	9	3	5
5	3	6	9	8	1	4	7	2
4	9	2	3	7	5	1	6	8
8	1	3	5	2	9	6	4	7
6	7	4	8	1	3	2	5	9
9	2	5	6	4	7	8	1	3
3	6	1	7	9	8	5	2	4
2	5	8	4	3	6	7	9	1
7	4	9	1	5	2	3	8	6

answer 476

3	5	4	1	2	8	7	6	9
1	2	6	7	9	5	3	8	4
7	8	9	3	6	4	2	5	1
4	1	2	9	5	3	6	7	8
8	9	5	4	7	6	1	2	3
6	7	3	2	8	1	4	9	5
2	4	7	5	1	9	8	3	6
5	6	1	8	3	2	9	4	7
9	3	8	6	4	7	5	1	2

answer 477

9	6	7	1	5	2	3	8	4
5	3	1	6	8	4	9	7	2
2	4	8	3	9	7	6	5	1
1	8	2	4	7	3	5	9	6
6	9	3	8	2	5	4	1	7
4	7	5	9	1	6	8	2	3
3	1	9	7	4	8	2	6	5
7	5	6	2	3	9	1	4	8
8	2	4	5	6	1	7	3	9

answer 478

9	3	7	5	2	1	4	6	8
8	5	4	9	3	6	1	7	2
1	6	2	8	7	4	3	9	5
6	4	9	3	8	7	2	5	1
7	2	5	1	4	9	8	3	6
3	1	8	2	6	5	9	4	7
5	9	3	6	1	2	7	8	4
4	8	1	7	5	3	6	2	9
2	7	6	4	9	8	5	1	3

answer 479

9	6	1	7	5	3	2	8	4
8	3	7	4	9	2	6	1	5
5	4	2	8	1	6	7	9	3
2	8	6	5	3	4	9	7	1
3	5	9	1	2	7	8	4	6
7	1	4	9	6	8	5	3	2
4	2	5	3	8	9	1	6	7
6	7	8	2	4	1	3	5	9
1	9	3	6	7	5	4	2	8

answer 480

9	4	2	1	8	5	6	7	3
5	8	6	7	4	3	1	2	9
7	1	3	6	9	2	5	4	8
1	5	9	8	6	7	4	3	2
4	3	7	2	5	1	8	9	6
6	2	8	4	3	9	7	1	5
8	6	1	9	2	4	3	5	7
2	7	5	3	1	6	9	8	4
3	9	4	5	7	8	2	6	1

answer 481

9	3	2	7	8	1	4	6	5
7	8	4	5	3	6	2	1	9
5	1	6	2	4	9	8	7	3
4	6	3	1	2	5	7	9	8
1	2	5	9	7	8	6	3	4
8	9	7	4	6	3	1	5	2
6	4	9	3	1	2	5	8	7
3	7	8	6	5	4	9	2	1
2	5	1	8	9	7	3	4	6

answer 482

7	1	9	8	4	2	6	3	5
4	8	5	3	6	9	2	1	7
2	6	3	7	1	5	9	4	8
5	4	7	2	9	1	3	8	6
6	2	8	5	3	4	7	9	1
3	9	1	6	7	8	4	5	2
9	5	2	4	8	6	1	7	3
1	3	6	9	5	7	8	2	4
8	7	4	1	2	3	5	6	9

answer 483

2	8	3	5	6	7	1	9	4
6	1	4	3	9	8	5	7	2
7	9	5	1	2	4	6	8	3
5	4	1	2	8	3	7	6	9
8	7	6	4	1	9	2	3	5
9	3	2	6	7	5	4	1	8
4	2	8	7	3	1	9	5	6
1	5	9	8	4	6	3	2	7
3	6	7	9	5	2	8	4	1

answer 484

7	6	4	5	2	1	8	9	3
9	2	3	6	7	8	5	4	1
1	5	8	9	3	4	7	6	2
5	9	6	7	1	2	3	8	4
8	3	7	4	5	9	2	1	6
4	1	2	3	8	6	9	7	5
3	4	9	2	6	7	1	5	8
2	7	1	8	4	5	6	3	9
6	8	5	1	9	3	4	2	7

answer 485

6	8	9	7	1	2	5	4	3
4	2	1	5	3	6	7	9	8
7	5	3	8	9	4	2	6	1
5	1	2	4	6	8	3	7	9
3	7	4	2	5	9	8	1	6
8	9	6	3	7	1	4	5	2
1	3	5	9	8	7	6	2	4
2	6	8	1	4	5	9	3	7
9	4	7	6	2	3	1	8	5

answer 486

1	8	9	2	6	3	5	7	4
3	7	4	5	8	1	6	9	2
2	6	5	4	9	7	8	3	1
4	2	1	3	5	9	7	6	8
8	5	6	7	4	2	3	1	9
9	3	7	8	1	6	4	2	5
7	4	2	1	3	5	9	8	6
5	9	3	6	2	8	1	4	7
6	1	8	9	7	4	2	5	3

answer 487

2	8	9	7	3	4	1	6	5
4	6	7	2	1	5	9	3	8
5	3	1	8	9	6	4	2	7
1	4	3	9	5	2	8	7	6
7	5	2	4	6	8	3	9	1
8	9	6	1	7	3	5	4	2
3	7	8	5	2	9	6	1	4
9	2	5	6	4	1	7	8	3
6	1	4	3	8	7	2	5	9

answer 488

6	4	5	1	8	9	3	2	7
7	8	9	3	2	5	6	4	1
1	3	2	4	6	7	8	5	9
8	9	6	7	3	4	5	1	2
2	1	4	9	5	6	7	3	8
3	5	7	2	1	8	4	9	6
9	6	3	5	7	1	2	8	4
4	2	8	6	9	3	1	7	5
5	7	1	8	4	2	9	6	3

answer 489

8	1	2	3	9	5	7	4	6
5	7	6	1	4	2	9	8	3
9	3	4	6	8	7	2	1	5
6	8	5	7	1	4	3	2	9
3	4	7	2	6	9	1	5	8
1	2	9	8	5	3	6	7	4
2	9	3	5	7	8	4	6	1
7	6	8	4	3	1	5	9	2
4	5	1	9	2	6	8	3	7

answer 490

5	9	3	8	1	7	6	4	2
2	1	8	5	4	6	9	3	7
4	6	7	2	3	9	5	1	8
1	5	2	3	8	4	7	6	9
8	4	9	6	7	1	3	2	5
3	7	6	9	5	2	1	8	4
9	2	5	1	6	8	4	7	3
6	8	4	7	9	3	2	5	1
7	3	1	4	2	5	8	9	6

answer 491

3	7	5	6	1	2	9	4	8
9	8	6	5	3	4	7	1	2
1	2	4	7	8	9	3	6	5
6	5	7	3	4	8	2	9	1
8	1	2	9	7	6	4	5	3
4	9	3	2	5	1	6	8	7
2	3	1	4	9	5	8	7	6
5	6	9	8	2	7	1	3	4
7	4	8	1	6	3	5	2	9

answer 492

9	7	2	6	5	1	8	3	4
1	4	8	3	2	7	9	5	6
5	6	3	4	9	8	7	1	2
8	1	6	9	7	5	2	4	3
7	3	5	8	4	2	6	9	1
2	9	4	1	6	3	5	8	7
6	2	1	5	8	4	3	7	9
3	8	9	7	1	6	4	2	5
4	5	7	2	3	9	1	6	8

answer 493

1	2	9	7	4	5	8	6	3
4	7	6	2	3	8	1	9	5
5	8	3	6	9	1	2	7	4
8	3	2	1	7	4	6	5	9
7	4	1	5	6	9	3	8	2
9	6	5	3	8	2	7	4	1
6	5	8	9	1	3	4	2	7
2	1	4	8	5	7	9	3	6
3	9	7	4	2	6	5	1	8

answer 494

5	7	3	1	4	6	8	2	9
1	6	9	8	2	7	3	5	4
8	4	2	9	3	5	7	1	6
4	9	7	5	1	3	6	8	2
2	8	5	6	7	4	9	3	1
3	1	6	2	8	9	4	7	5
9	5	8	7	6	2	1	4	3
6	3	1	4	5	8	2	9	7
7	2	4	3	9	1	5	6	8

answer 495

2	1	7	3	5	8	9	6	4
4	5	6	1	2	9	3	7	8
8	3	9	7	6	4	1	2	5
6	9	3	2	7	5	8	4	1
5	2	4	9	8	1	6	3	7
7	8	1	6	4	3	2	5	9
9	4	5	8	3	2	7	1	6
3	7	8	5	1	6	4	9	2
1	6	2	4	9	7	5	8	3

answer 496

8	4	5	6	2	7	1	9	3
3	2	1	8	9	4	5	7	6
7	9	6	5	3	1	4	2	8
9	3	2	4	6	5	7	8	1
1	5	8	3	7	9	2	6	4
6	7	4	2	1	8	9	3	5
5	1	7	9	8	3	6	4	2
2	8	9	1	4	6	3	5	7
4	6	3	7	5	2	8	1	9

answer 497

9	5	2	6	1	8	7	4	3
6	4	1	7	2	3	8	9	5
7	8	3	4	5	9	6	1	2
8	3	5	2	4	6	1	7	9
1	9	4	5	3	7	2	6	8
2	6	7	9	8	1	3	5	4
5	7	6	3	9	2	4	8	1
3	1	9	8	6	4	5	2	7
4	2	8	1	7	5	9	3	6

answer 498

6	9	5	4	3	1	7	8	2
2	4	8	6	7	9	5	3	1
1	7	3	5	8	2	6	9	4
9	8	4	1	5	7	3	2	6
5	3	1	8	2	6	9	4	7
7	2	6	9	4	3	8	1	5
4	1	9	3	6	5	2	7	8
8	6	2	7	9	4	1	5	3
3	5	7	2	1	8	4	6	9

answer 499

9	4	1	2	3	7	6	8	5
8	2	3	1	5	6	7	9	4
7	5	6	8	4	9	1	2	3
2	1	7	9	6	4	3	5	8
5	6	8	3	2	1	4	7	9
4	3	9	7	8	5	2	6	1
1	9	5	4	7	2	8	3	6
3	7	4	6	9	8	5	1	2
6	8	2	5	1	3	9	4	7

answer 500

2	5	4	9	6	1	7	3	8
9	7	3	4	5	8	6	1	2
8	6	1	2	7	3	9	4	5
5	9	6	7	8	4	1	2	3
3	1	8	5	9	2	4	6	7
7	4	2	3	1	6	5	8	9
1	3	7	8	4	5	2	9	6
4	8	5	6	2	9	3	7	1
6	2	9	1	3	7	8	5	4

answer 501

2	4	8	5	6	9	1	7	3
6	3	1	7	4	8	9	2	5
9	7	5	1	2	3	8	4	6
7	5	9	8	3	4	6	1	2
8	2	4	6	1	7	5	3	9
1	6	3	9	5	2	4	8	7
4	8	6	3	7	5	2	9	1
3	1	2	4	9	6	7	5	8
5	9	7	2	8	1	3	6	4

answer 502

2	1	9	6	8	4	5	3	7
6	4	7	3	5	2	1	8	9
3	5	8	7	9	1	4	2	6
5	7	4	1	6	3	8	9	2
9	6	2	5	4	8	7	1	3
1	8	3	2	7	9	6	4	5
8	9	5	4	2	6	3	7	1
4	3	6	9	1	7	2	5	8
7	2	1	8	3	5	9	6	4

answer 503

7	8	6	9	2	3	1	5	4
3	4	9	1	6	5	8	2	7
2	5	1	8	4	7	9	3	6
4	9	5	2	7	8	6	1	3
8	6	3	5	1	9	4	7	2
1	7	2	6	3	4	5	9	8
6	1	7	4	9	2	3	8	5
5	2	4	3	8	1	7	6	9
9	3	8	7	5	6	2	4	1

answer 504

7	6	3	2	1	8	5	9	4
4	8	1	6	9	5	2	7	3
2	5	9	3	7	4	8	1	6
6	2	5	7	4	3	9	8	1
3	9	7	1	8	2	4	6	5
1	4	8	9	5	6	7	3	2
9	3	4	5	6	7	1	2	8
5	7	2	8	3	1	6	4	9
8	1	6	4	2	9	3	5	7

answer 505

3	8	1	7	5	6	9	4	2
9	7	6	2	8	4	1	5	3
2	5	4	9	3	1	7	8	6
7	1	5	4	2	8	6	3	9
6	2	3	1	9	5	4	7	8
4	9	8	3	6	7	5	2	1
8	6	7	5	1	2	3	9	4
5	3	2	6	4	9	8	1	7
1	4	9	8	7	3	2	6	5

answer 506

1	3	7	8	4	5	9	6	2
6	8	9	3	7	2	4	5	1
4	5	2	1	9	6	7	3	8
3	1	5	9	2	8	6	4	7
8	9	4	5	6	7	2	1	3
7	2	6	4	3	1	5	8	9
5	4	3	7	1	9	8	2	6
2	7	1	6	8	4	3	9	5
9	6	8	2	5	3	1	7	4

answer 507

4	5	6	8	2	7	9	1	3
3	2	7	1	9	4	5	8	6
8	1	9	5	6	3	4	7	2
6	9	3	4	7	1	8	2	5
1	7	8	3	5	2	6	4	9
5	4	2	6	8	9	1	3	7
2	3	5	9	4	8	7	6	1
9	8	1	7	3	6	2	5	4
7	6	4	2	1	5	3	9	8

answer 508

3	6	1	5	9	8	2	7	4
2	5	7	3	4	1	9	6	8
8	9	4	7	2	6	3	5	1
7	3	5	6	1	4	8	2	9
6	1	9	2	8	7	5	4	3
4	8	2	9	3	5	7	1	6
5	4	8	1	7	9	6	3	2
1	2	6	8	5	3	4	9	7
9	7	3	4	6	2	1	8	5

answer 509

5	3	9	2	1	6	4	8	7
4	2	1	5	8	7	6	9	3
7	8	6	4	9	3	2	5	1
6	5	2	1	3	9	7	4	8
1	4	8	6	7	2	9	3	5
9	7	3	8	4	5	1	6	2
3	1	4	9	2	8	5	7	6
8	9	5	7	6	1	3	2	4
2	6	7	3	5	4	8	1	9

answer 510

5	3	1	4	2	9	8	6	7
4	6	7	8	3	1	2	5	9
8	9	2	6	7	5	1	3	4
2	8	5	1	6	7	4	9	3
6	4	3	5	9	8	7	1	2
1	7	9	2	4	3	5	8	6
3	5	4	9	8	2	6	7	1
9	1	6	7	5	4	3	2	8
7	2	8	3	1	6	9	4	5

answer 511

6	2	5	8	7	1	9	3	4
4	3	8	9	5	6	2	7	1
1	7	9	3	4	2	8	5	6
7	5	4	1	2	3	6	9	8
3	9	1	6	8	5	4	2	7
2	8	6	7	9	4	5	1	3
5	1	2	4	6	7	3	8	9
9	6	3	2	1	8	7	4	5
8	4	7	5	3	9	1	6	2

answer 512

4	3	8	7	6	5	9	1	2
5	1	9	3	2	8	6	4	7
2	7	6	1	9	4	8	5	3
8	9	7	5	1	6	2	3	4
6	2	1	4	3	9	7	8	5
3	4	5	8	7	2	1	6	9
7	8	2	6	5	3	4	9	1
1	6	3	9	4	7	5	2	8
9	5	4	2	8	1	3	7	6

answer 513

4	6	2	8	7	9	5	3	1
5	8	7	1	3	6	2	9	4
3	1	9	4	2	5	7	6	8
1	5	8	6	9	2	4	7	3
6	2	4	7	1	3	8	5	9
7	9	3	5	8	4	6	1	2
9	7	1	2	5	8	3	4	6
8	3	6	9	4	7	1	2	5
2	4	5	3	6	1	9	8	7

answer 514

2	6	5	9	8	7	1	4	3
1	4	8	6	3	2	9	7	5
3	7	9	1	4	5	6	2	8
7	9	6	8	1	3	4	5	2
5	1	3	4	2	6	7	8	9
8	2	4	5	7	9	3	1	6
4	5	2	3	9	1	8	6	7
6	3	1	7	5	8	2	9	4
9	8	7	2	6	4	5	3	1

answer 515

4	7	3	1	8	6	5	9	2
1	8	9	7	5	2	3	4	6
5	2	6	9	3	4	8	1	7
7	1	4	3	9	5	6	2	8
8	6	2	4	7	1	9	5	3
9	3	5	6	2	8	4	7	1
2	4	7	8	6	9	1	3	5
6	5	1	2	4	3	7	8	9
3	9	8	5	1	7	2	6	4

answer 516

4	2	6	3	9	8	5	7	1
3	9	7	1	5	4	8	2	6
8	5	1	6	7	2	9	4	3
7	8	4	9	2	6	1	3	5
9	1	3	7	4	5	6	8	2
5	6	2	8	3	1	4	9	7
6	3	9	4	1	7	2	5	8
1	4	5	2	8	3	7	6	9
2	7	8	5	6	9	3	1	4

answer 517

8	1	5	3	9	6	7	4	2
9	7	4	8	1	2	6	5	3
2	3	6	4	5	7	1	8	9
3	4	1	7	2	9	5	6	8
5	9	8	6	4	1	2	3	7
7	6	2	5	8	3	9	1	4
6	5	9	2	3	8	4	7	1
4	2	3	1	7	5	8	9	6
1	8	7	9	6	4	3	2	5

answer 518

5	9	8	2	1	3	6	4	7
6	4	1	8	9	7	3	2	5
2	3	7	4	6	5	1	8	9
1	5	4	3	7	8	9	6	2
3	7	2	9	4	6	8	5	1
8	6	9	1	5	2	7	3	4
9	1	5	6	3	4	2	7	8
4	2	3	7	8	1	5	9	6
7	8	6	5	2	9	4	1	3

answer 519

1	5	4	6	7	3	9	2	8
8	7	3	9	5	2	6	1	4
6	2	9	8	4	1	5	7	3
9	8	2	7	1	4	3	5	6
5	6	1	3	9	8	2	4	7
4	3	7	2	6	5	8	9	1
3	4	6	1	2	9	7	8	5
2	1	8	5	3	7	4	6	9
7	9	5	4	8	6	1	3	2

answer 520

9	7	3	1	8	2	6	4	5
6	2	5	4	3	7	1	8	9
4	1	8	6	9	5	7	3	2
7	5	9	2	4	6	3	1	8
1	3	4	8	5	9	2	7	6
8	6	2	7	1	3	5	9	4
2	8	6	3	7	4	9	5	1
3	9	1	5	6	8	4	2	7
5	4	7	9	2	1	8	6	3

answer 521

9	1	6	2	7	4	8	3	5
2	3	7	6	8	5	4	1	9
4	8	5	3	9	1	2	7	6
6	4	2	5	1	3	9	8	7
8	5	1	9	6	7	3	4	2
3	7	9	8	4	2	6	5	1
7	2	8	4	5	6	1	9	3
1	9	3	7	2	8	5	6	4
5	6	4	1	3	9	7	2	8

answer 522

6	5	8	3	4	2	7	1	9
3	1	7	6	9	8	2	5	4
4	9	2	1	5	7	3	6	8
5	7	4	8	6	3	9	2	1
2	8	6	4	1	9	5	7	3
9	3	1	2	7	5	8	4	6
8	6	3	5	2	1	4	9	7
1	2	9	7	3	4	6	8	5
7	4	5	9	8	6	1	3	2

answer 523

3	5	8	1	6	7	9	2	4
2	1	9	5	3	4	7	8	6
7	6	4	8	9	2	1	3	5
9	3	1	6	2	5	4	7	8
8	2	6	7	4	3	5	9	1
5	4	7	9	1	8	2	6	3
4	8	2	3	5	9	6	1	7
1	7	5	2	8	6	3	4	9
6	9	3	4	7	1	8	5	2

answer 524

9	8	1	4	6	5	7	2	3
4	3	2	9	8	7	5	6	1
6	5	7	2	1	3	8	9	4
7	9	4	5	3	2	1	8	6
3	2	8	1	9	6	4	5	7
1	6	5	7	4	8	2	3	9
5	1	3	8	7	9	6	4	2
8	7	9	6	2	4	3	1	5
2	4	6	3	5	1	9	7	8

answer 525

3	8	2	4	9	7	5	1	6
7	1	9	6	2	5	4	3	8
6	5	4	1	8	3	9	2	7
5	4	8	9	6	2	1	7	3
1	9	6	7	3	8	2	5	4
2	3	7	5	1	4	8	6	9
8	7	5	2	4	6	3	9	1
4	2	1	3	7	9	6	8	5
9	6	3	8	5	1	7	4	2

answer 526

1	9	2	3	8	6	4	5	7
8	4	6	1	5	7	2	9	3
3	5	7	9	2	4	1	8	6
9	3	8	7	4	5	6	2	1
2	6	4	8	1	3	5	7	9
5	7	1	2	6	9	8	3	4
4	1	9	5	3	8	7	6	2
7	2	5	6	9	1	3	4	8
6	8	3	4	7	2	9	1	5

answer 527

2	4	5	6	7	9	8	1	3
8	6	7	5	3	1	9	2	4
9	3	1	8	4	2	5	6	7
6	7	4	1	9	8	2	3	5
5	8	3	7	2	6	1	4	9
1	2	9	3	5	4	6	7	8
4	5	2	9	1	3	7	8	6
3	9	6	2	8	7	4	5	1
7	1	8	4	6	5	3	9	2

answer 528

4	5	1	2	9	8	3	7	6
6	3	2	7	1	4	8	5	9
8	7	9	3	5	6	1	4	2
5	1	8	4	2	3	6	9	7
3	9	4	6	7	1	2	8	5
2	6	7	9	8	5	4	3	1
7	2	3	1	4	9	5	6	8
9	4	5	8	6	2	7	1	3
1	8	6	5	3	7	9	2	4

answer 529

2	7	9	8	3	5	1	4	6
1	5	6	9	4	7	8	2	3
3	8	4	1	2	6	7	9	5
9	2	8	5	7	3	4	6	1
6	1	3	2	8	4	5	7	9
5	4	7	6	9	1	2	3	8
7	9	5	3	1	2	6	8	4
4	3	1	7	6	8	9	5	2
8	6	2	4	5	9	3	1	7

answer 530

7	5	4	8	2	1	6	3	9
6	8	3	7	5	9	1	2	4
1	9	2	4	6	3	8	7	5
9	2	6	5	1	7	3	4	8
5	4	1	3	9	8	7	6	2
3	7	8	2	4	6	9	5	1
4	3	7	9	8	2	5	1	6
8	6	5	1	3	4	2	9	7
2	1	9	6	7	5	4	8	3

answer 531

1	2	9	6	4	8	5	7	3
7	5	6	3	9	1	2	4	8
8	4	3	5	7	2	1	6	9
9	6	2	7	1	3	4	8	5
5	3	1	2	8	4	6	9	7
4	8	7	9	5	6	3	1	2
6	7	5	1	2	9	8	3	4
2	1	8	4	3	7	9	5	6
3	9	4	8	6	5	7	2	1

answer 532

3	2	5	7	9	8	6	1	4
1	6	8	3	5	4	9	2	7
4	7	9	1	2	6	3	5	8
9	5	1	4	8	7	2	6	3
6	8	7	2	1	3	5	4	9
2	3	4	9	6	5	7	8	1
5	9	6	8	3	1	4	7	2
7	1	2	6	4	9	8	3	5
8	4	3	5	7	2	1	9	6

answer 533

5	3	6	7	2	9	1	8	4
1	9	7	3	4	8	6	2	5
8	4	2	5	1	6	7	3	9
7	1	8	6	5	3	4	9	2
4	5	3	2	9	1	8	6	7
2	6	9	4	8	7	5	1	3
6	2	4	8	3	5	9	7	1
9	8	5	1	7	2	3	4	6
3	7	1	9	6	4	2	5	8

answer 534

2	9	8	6	4	3	7	5	1
3	7	5	1	2	8	6	9	4
6	1	4	5	9	7	2	8	3
1	5	7	9	6	2	4	3	8
9	4	3	7	8	1	5	2	6
8	2	6	4	3	5	1	7	9
7	8	1	3	5	6	9	4	2
4	6	2	8	7	9	3	1	5
5	3	9	2	1	4	8	6	7

answer 535

7	9	1	2	3	6	5	8	4
6	3	5	7	8	4	9	1	2
8	4	2	5	9	1	6	3	7
4	8	3	9	2	5	1	7	6
1	5	9	6	4	7	3	2	8
2	6	7	3	1	8	4	5	9
5	1	6	8	7	9	2	4	3
9	2	8	4	5	3	7	6	1
3	7	4	1	6	2	8	9	5

answer 536

9	3	4	7	5	1	2	6	8
8	5	7	2	3	6	1	9	4
2	6	1	4	8	9	5	7	3
1	2	8	3	4	7	6	5	9
3	7	9	8	6	5	4	2	1
6	4	5	1	9	2	3	8	7
4	1	6	5	7	8	9	3	2
5	8	3	9	2	4	7	1	6
7	9	2	6	1	3	8	4	5

answer 537

6	7	9	1	3	8	2	5	4
3	4	5	9	2	7	1	8	6
2	1	8	5	6	4	7	3	9
7	5	2	4	9	6	8	1	3
9	6	1	3	8	2	5	4	7
8	3	4	7	5	1	6	9	2
5	9	6	8	7	3	4	2	1
4	8	7	2	1	9	3	6	5
1	2	3	6	4	5	9	7	8

answer 538

8	3	6	7	9	2	4	5	1
4	7	1	6	8	5	2	3	9
9	2	5	3	4	1	8	7	6
5	4	3	1	2	8	9	6	7
1	6	9	5	7	4	3	2	8
2	8	7	9	3	6	1	4	5
7	1	4	2	6	9	5	8	3
3	5	2	8	1	7	6	9	4
6	9	8	4	5	3	7	1	2

answer 539

6	7	8	9	1	3	5	4	2
1	3	2	6	5	4	7	8	9
5	9	4	8	7	2	6	1	3
3	6	9	2	8	5	1	7	4
4	5	1	7	6	9	2	3	8
2	8	7	3	4	1	9	6	5
9	1	3	4	2	6	8	5	7
8	4	5	1	9	7	3	2	6
7	2	6	5	3	8	4	9	1

answer 540

8	1	3	7	6	9	2	4	5
9	5	2	3	4	8	1	7	6
7	6	4	2	1	5	8	9	3
3	8	5	4	7	1	6	2	9
1	4	9	6	8	2	5	3	7
2	7	6	9	5	3	4	1	8
5	9	7	8	2	4	3	6	1
6	2	1	5	3	7	9	8	4
4	3	8	1	9	6	7	5	2

answer 541

8	4	2	9	3	7	5	6	1
1	9	7	5	4	6	8	2	3
3	6	5	1	8	2	9	4	7
4	1	6	2	7	9	3	8	5
7	3	9	8	6	5	4	1	2
5	2	8	4	1	3	7	9	6
6	8	4	3	5	1	2	7	9
2	5	1	7	9	8	6	3	4
9	7	3	6	2	4	1	5	8

answer 542

4	8	2	1	6	7	5	3	9
7	5	9	2	4	3	8	1	6
6	3	1	8	5	9	7	4	2
3	6	7	4	8	1	9	2	5
8	9	4	5	7	2	3	6	1
1	2	5	9	3	6	4	8	7
5	1	8	7	2	4	6	9	3
9	4	6	3	1	5	2	7	8
2	7	3	6	9	8	1	5	4

answer 543

4	9	6	7	2	5	3	8	1
8	3	5	6	9	1	4	2	7
7	1	2	4	8	3	6	9	5
5	8	3	2	1	7	9	4	6
9	2	7	8	4	6	5	1	3
1	6	4	5	3	9	2	7	8
2	7	8	3	6	4	1	5	9
3	5	9	1	7	2	8	6	4
6	4	1	9	5	8	7	3	2

answer 544

7	1	4	9	3	5	2	8	6
9	3	8	2	6	4	5	7	1
2	5	6	8	7	1	4	3	9
5	8	9	4	1	6	7	2	3
1	2	7	3	9	8	6	4	5
4	6	3	7	5	2	1	9	8
6	4	2	1	8	9	3	5	7
8	7	1	5	4	3	9	6	2
3	9	5	6	2	7	8	1	4

answer 545

3	9	8	6	2	4	1	7	5
5	7	2	8	3	1	9	6	4
6	1	4	7	9	5	3	8	2
2	3	5	9	6	7	8	4	1
1	4	9	5	8	3	7	2	6
7	8	6	4	1	2	5	3	9
8	2	1	3	5	6	4	9	7
4	6	3	1	7	9	2	5	8
9	5	7	2	4	8	6	1	3

answer 546

5	9	4	1	6	7	3	2	8
2	7	6	3	8	5	4	1	9
1	3	8	4	9	2	5	6	7
4	8	1	6	5	9	2	7	3
7	6	3	2	1	8	9	4	5
9	2	5	7	4	3	6	8	1
8	4	7	5	3	6	1	9	2
3	1	9	8	2	4	7	5	6
6	5	2	9	7	1	8	3	4

answer 547

7	3	9	2	5	6	4	1	8
4	8	2	9	1	3	6	7	5
6	5	1	4	7	8	2	9	3
5	6	8	7	4	9	1	3	2
2	9	7	3	8	1	5	4	6
1	4	3	6	2	5	9	8	7
8	7	6	1	9	2	3	5	4
3	1	4	5	6	7	8	2	9
9	2	5	8	3	4	7	6	1

answer 548

1	8	9	7	6	5	3	2	4
5	4	3	8	1	2	9	6	7
2	7	6	3	4	9	1	8	5
3	5	8	6	7	4	2	9	1
9	6	4	1	2	3	7	5	8
7	2	1	5	9	8	4	3	6
4	3	7	9	8	6	5	1	2
6	1	5	2	3	7	8	4	9
8	9	2	4	5	1	6	7	3

answer 549

4	2	3	7	9	5	8	1	6
6	9	5	1	3	8	7	4	2
7	8	1	2	6	4	9	3	5
2	7	8	4	5	6	1	9	3
5	1	4	9	7	3	6	2	8
9	3	6	8	1	2	4	5	7
3	5	9	6	4	7	2	8	1
8	4	7	5	2	1	3	6	9
1	6	2	3	8	9	5	7	4

answer 550

5	6	8	4	1	7	2	9	3
2	9	1	5	8	3	6	7	4
4	3	7	9	2	6	5	8	1
8	1	3	7	6	2	9	4	5
9	7	4	8	5	1	3	2	6
6	2	5	3	4	9	7	1	8
1	5	6	2	7	4	8	3	9
7	4	9	6	3	8	1	5	2
3	8	2	1	9	5	4	6	7

answer 551

8	9	2	5	6	1	4	3	7
1	3	5	4	2	7	9	6	8
7	6	4	3	8	9	1	5	2
4	5	1	2	9	3	8	7	6
2	7	6	8	5	4	3	9	1
9	8	3	1	7	6	2	4	5
5	2	9	7	3	8	6	1	4
3	4	7	6	1	2	5	8	9
6	1	8	9	4	5	7	2	3

answer 552

7	8	5	2	9	1	6	3	4
9	4	3	8	6	5	7	2	1
2	6	1	3	7	4	8	9	5
3	2	9	1	8	6	5	4	7
6	1	4	7	5	2	9	8	3
5	7	8	4	3	9	2	1	6
8	3	2	5	1	7	4	6	9
4	5	6	9	2	3	1	7	8
1	9	7	6	4	8	3	5	2

answer 553

8	7	2	9	6	5	3	1	4
5	3	6	2	4	1	7	8	9
9	1	4	3	8	7	2	6	5
3	4	1	5	9	8	6	2	7
2	9	8	7	1	6	4	5	3
7	6	5	4	3	2	8	9	1
6	8	3	1	7	9	5	4	2
1	2	7	8	5	4	9	3	6
4	5	9	6	2	3	1	7	8

answer 554

2	5	4	3	1	9	6	7	8
3	1	7	6	8	4	2	9	5
6	9	8	7	5	2	3	4	1
4	6	9	8	7	5	1	3	2
7	3	1	2	9	6	5	8	4
5	8	2	4	3	1	9	6	7
1	7	6	5	4	3	8	2	9
9	4	3	1	2	8	7	5	6
8	2	5	9	6	7	4	1	3

answer 555

1	2	3	6	9	4	5	7	8
5	4	6	8	1	7	2	9	3
7	9	8	3	5	2	1	6	4
4	7	5	2	3	1	9	8	6
3	8	2	9	4	6	7	5	1
9	6	1	5	7	8	4	3	2
8	1	4	7	6	9	3	2	5
6	3	7	4	2	5	8	1	9
2	5	9	1	8	3	6	4	7

answer 556

3	2	1	4	5	9	7	6	8
6	5	8	3	1	7	4	2	9
7	9	4	8	6	2	3	1	5
9	6	2	7	3	8	5	4	1
5	4	3	2	9	1	6	8	7
1	8	7	5	4	6	9	3	2
4	1	5	9	8	3	2	7	6
8	7	9	6	2	4	1	5	3
2	3	6	1	7	5	8	9	4

answer 557

5	9	4	6	1	7	8	2	3
6	8	2	3	9	5	1	7	4
1	3	7	4	8	2	6	9	5
4	5	1	7	6	3	2	8	9
2	6	9	1	4	8	5	3	7
8	7	3	5	2	9	4	6	1
3	1	8	9	5	6	7	4	2
7	4	6	2	3	1	9	5	8
9	2	5	8	7	4	3	1	6

answer 558

1	9	3	5	8	4	6	7	2
6	4	7	9	1	2	3	8	5
8	5	2	7	6	3	9	4	1
5	6	9	4	2	7	8	1	3
2	7	8	1	3	5	4	6	9
4	3	1	6	9	8	5	2	7
7	1	5	8	4	9	2	3	6
3	8	6	2	5	1	7	9	4
9	2	4	3	7	6	1	5	8

answer 559

6	9	1	7	5	4	8	2	3
3	5	2	6	1	8	7	9	4
4	7	8	9	2	3	1	6	5
7	3	4	5	6	9	2	8	1
8	1	5	2	3	7	9	4	6
2	6	9	4	8	1	5	3	7
5	8	7	3	9	6	4	1	2
9	4	6	1	7	2	3	5	8
1	2	3	8	4	5	6	7	9

answer 560

2	6	9	1	4	8	7	3	5
1	7	4	9	3	5	8	2	6
3	8	5	2	6	7	4	1	9
8	1	2	5	9	3	6	7	4
5	9	7	4	1	6	2	8	3
6	4	3	7	8	2	9	5	1
9	3	6	8	7	1	5	4	2
7	5	1	6	2	4	3	9	8
4	2	8	3	5	9	1	6	7

answer 561

2	5	1	4	8	9	7	6	3
4	3	8	6	7	1	5	9	2
9	7	6	2	5	3	4	8	1
3	6	5	8	4	2	9	1	7
8	4	2	9	1	7	6	3	5
1	9	7	5	3	6	8	2	4
6	2	4	1	9	5	3	7	8
7	8	9	3	2	4	1	5	6
5	1	3	7	6	8	2	4	9

answer 562

6	8	1	9	4	5	3	2	7
2	4	9	7	6	3	8	5	1
7	5	3	1	8	2	4	6	9
8	3	4	2	7	6	1	9	5
1	2	6	3	5	9	7	4	8
5	9	7	8	1	4	2	3	6
9	6	8	4	2	7	5	1	3
3	1	2	5	9	8	6	7	4
4	7	5	6	3	1	9	8	2

answer 563

2	4	1	7	8	9	6	5	3
7	9	6	4	5	3	8	2	1
5	8	3	6	1	2	7	4	9
1	6	8	2	4	5	9	3	7
9	2	4	3	7	6	1	8	5
3	5	7	1	9	8	4	6	2
4	1	2	5	6	7	3	9	8
6	3	9	8	2	1	5	7	4
8	7	5	9	3	4	2	1	6

answer 564

5	6	7	9	3	2	1	4	8
3	8	1	5	7	4	6	2	9
2	9	4	8	6	1	3	7	5
1	4	2	6	5	8	9	3	7
9	5	6	3	1	7	2	8	4
7	3	8	2	4	9	5	1	6
8	7	9	1	2	5	4	6	3
4	2	3	7	9	6	8	5	1
6	1	5	4	8	3	7	9	2

answer 565

4	6	1	5	3	2	7	9	8
7	9	8	4	6	1	2	3	5
5	3	2	8	7	9	4	6	1
6	4	9	1	5	3	8	2	7
2	5	7	9	8	4	3	1	6
1	8	3	7	2	6	5	4	9
3	2	5	6	1	7	9	8	4
8	1	4	3	9	5	6	7	2
9	7	6	2	4	8	1	5	3

answer 566

7	4	6	2	3	9	8	1	5
2	8	1	4	5	6	7	3	9
3	5	9	1	8	7	2	6	4
5	3	2	7	1	4	9	8	6
6	1	4	8	9	3	5	7	2
9	7	8	5	6	2	1	4	3
1	9	3	6	2	8	4	5	7
8	6	7	9	4	5	3	2	1
4	2	5	3	7	1	6	9	8

answer 567

5	9	7	1	8	4	6	2	3
3	8	1	6	2	9	7	4	5
4	6	2	7	5	3	8	9	1
7	1	4	9	6	2	5	3	8
2	3	6	5	1	8	9	7	4
8	5	9	4	3	7	2	1	6
1	2	8	3	9	5	4	6	7
9	7	3	8	4	6	1	5	2
6	4	5	2	7	1	3	8	9

answer 568

9	6	2	5	4	3	8	1	7
4	7	1	9	8	6	2	5	3
5	8	3	7	2	1	6	9	4
7	4	8	2	3	5	1	6	9
6	2	5	1	9	4	3	7	8
3	1	9	6	7	8	5	4	2
1	9	4	8	5	2	7	3	6
2	5	7	3	6	9	4	8	1
8	3	6	4	1	7	9	2	5

answer 569

9	3	1	4	7	5	2	8	6
8	2	5	1	6	9	7	4	3
4	7	6	3	2	8	9	5	1
6	5	4	8	9	1	3	7	2
3	1	2	5	4	7	8	6	9
7	8	9	2	3	6	5	1	4
5	4	8	9	1	3	6	2	7
2	9	7	6	8	4	1	3	5
1	6	3	7	5	2	4	9	8

answer 570

8	6	3	7	2	4	1	9	5
2	7	4	9	5	1	6	3	8
9	5	1	6	3	8	7	2	4
7	2	6	3	9	5	4	8	1
3	1	8	4	6	2	9	5	7
4	9	5	8	1	7	3	6	2
6	4	2	1	8	9	5	7	3
5	3	7	2	4	6	8	1	9
1	8	9	5	7	3	2	4	6

answer 571

3	1	8	4	5	7	9	2	6
5	9	7	8	6	2	1	3	4
4	6	2	9	3	1	7	5	8
8	7	5	3	9	6	4	1	2
6	2	3	5	1	4	8	9	7
1	4	9	7	2	8	5	6	3
9	5	4	2	7	3	6	8	1
7	3	1	6	8	9	2	4	5
2	8	6	1	4	5	3	7	9

answer 572

2	8	9	7	5	3	4	1	6
6	4	7	1	8	9	3	2	5
3	5	1	6	4	2	9	8	7
5	3	2	8	6	4	1	7	9
4	1	8	5	9	7	2	6	3
7	9	6	2	3	1	5	4	8
8	7	3	4	1	5	6	9	2
9	2	4	3	7	6	8	5	1
1	6	5	9	2	8	7	3	4

answer 573

8	7	4	6	9	1	2	5	3
5	9	3	8	2	7	4	6	1
2	1	6	4	3	5	8	7	9
6	5	1	7	8	4	9	3	2
4	2	9	5	6	3	1	8	7
3	8	7	2	1	9	6	4	5
9	4	8	3	7	2	5	1	6
1	3	5	9	4	6	7	2	8
7	6	2	1	5	8	3	9	4

answer 574

7	2	9	5	6	1	3	8	4
6	8	1	2	4	3	7	9	5
3	5	4	8	9	7	2	6	1
8	1	7	3	5	9	4	2	6
9	6	3	4	7	2	5	1	8
5	4	2	1	8	6	9	3	7
2	7	5	6	3	8	1	4	9
4	3	6	9	1	5	8	7	2
1	9	8	7	2	4	6	5	3

answer 575

3	2	4	7	9	6	5	1	8
5	1	9	3	8	2	6	4	7
7	6	8	5	1	4	9	3	2
1	5	6	4	2	3	8	7	9
2	9	7	1	6	8	3	5	4
4	8	3	9	5	7	1	2	6
8	7	5	2	3	9	4	6	1
9	3	2	6	4	1	7	8	5
6	4	1	8	7	5	2	9	3

answer 576

1	5	4	6	3	8	9	2	7
7	8	9	2	1	4	5	3	6
3	2	6	9	7	5	4	1	8
9	4	3	8	2	7	6	5	1
8	6	2	5	4	1	3	7	9
5	1	7	3	6	9	8	4	2
2	9	1	4	5	6	7	8	3
6	7	5	1	8	3	2	9	4
4	3	8	7	9	2	1	6	5

answer 577

8	5	6	4	1	2	3	7	9
3	4	9	7	6	5	2	8	1
7	2	1	9	8	3	4	5	6
6	1	8	2	5	7	9	4	3
2	3	5	1	9	4	8	6	7
4	9	7	6	3	8	1	2	5
5	6	3	8	4	9	7	1	2
1	8	2	3	7	6	5	9	4
9	7	4	5	2	1	6	3	8

answer 578

8	6	7	9	3	4	2	5	1
5	2	9	6	1	8	4	7	3
4	1	3	2	7	5	8	9	6
6	5	2	7	4	3	9	1	8
1	9	4	8	5	2	3	6	7
7	3	8	1	9	6	5	4	2
9	8	6	5	2	7	1	3	4
3	7	1	4	8	9	6	2	5
2	4	5	3	6	1	7	8	9

answer 579

5	6	1	3	4	9	7	8	2
3	8	7	6	5	2	4	9	1
4	2	9	7	1	8	3	5	6
8	9	5	1	6	3	2	4	7
7	4	6	9	2	5	1	3	8
2	1	3	8	7	4	9	6	5
6	5	4	2	3	1	8	7	9
1	3	8	5	9	7	6	2	4
9	7	2	4	8	6	5	1	3

answer 580

3	1	9	8	2	7	4	5	6
6	4	7	3	1	5	2	8	9
5	2	8	9	6	4	7	3	1
7	3	1	5	8	9	6	4	2
2	9	5	4	7	6	3	1	8
8	6	4	2	3	1	5	9	7
1	8	2	7	5	3	9	6	4
9	7	3	6	4	8	1	2	5
4	5	6	1	9	2	8	7	3

answer 581

8	9	7	6	2	4	3	1	5
1	4	6	5	9	3	7	8	2
5	2	3	1	8	7	4	9	6
9	1	5	4	3	6	2	7	8
3	7	2	9	5	8	1	6	4
4	6	8	7	1	2	5	3	9
6	5	4	3	7	9	8	2	1
2	3	9	8	4	1	6	5	7
7	8	1	2	6	5	9	4	3

answer 582

2	5	3	1	6	4	8	9	7
4	7	8	3	9	5	6	2	1
6	1	9	2	8	7	5	4	3
8	4	7	9	3	1	2	5	6
5	9	1	7	2	6	3	8	4
3	6	2	4	5	8	1	7	9
7	3	4	5	1	2	9	6	8
9	2	6	8	7	3	4	1	5
1	8	5	6	4	9	7	3	2

answer 583

4	1	7	2	9	5	8	6	3
5	9	6	8	3	4	7	2	1
3	8	2	7	1	6	9	5	4
8	5	3	1	6	7	4	9	2
7	6	4	9	8	2	3	1	5
9	2	1	4	5	3	6	8	7
1	7	8	3	2	9	5	4	6
6	4	9	5	7	1	2	3	8
2	3	5	6	4	8	1	7	9

answer 584

2	1	9	7	5	8	3	6	4
8	3	7	6	4	1	9	2	5
6	4	5	9	3	2	1	7	8
1	6	4	8	7	9	5	3	2
7	8	2	5	1	3	6	4	9
9	5	3	2	6	4	7	8	1
3	7	8	4	9	5	2	1	6
5	2	1	3	8	6	4	9	7
4	9	6	1	2	7	8	5	3

answer 585

6	1	5	3	4	2	7	9	8
4	7	9	6	8	5	2	1	3
2	8	3	1	7	9	5	6	4
1	9	2	5	6	8	4	3	7
7	6	8	9	3	4	1	2	5
3	5	4	2	1	7	9	8	6
9	2	7	8	5	3	6	4	1
8	4	6	7	2	1	3	5	9
5	3	1	4	9	6	8	7	2

answer 586

1	4	7	8	6	2	3	9	5
3	9	2	7	5	4	6	1	8
5	6	8	1	3	9	4	7	2
9	8	3	4	1	7	2	5	6
2	7	5	6	8	3	9	4	1
4	1	6	2	9	5	7	8	3
8	2	1	9	7	6	5	3	4
7	3	4	5	2	1	8	6	9
6	5	9	3	4	8	1	2	7

answer 587

2	3	9	4	5	8	6	7	1
5	8	7	1	6	3	2	4	9
6	4	1	9	7	2	3	8	5
8	1	5	6	2	4	7	9	3
9	7	2	8	3	1	5	6	4
3	6	4	7	9	5	8	1	2
1	2	8	3	4	7	9	5	6
4	9	3	5	8	6	1	2	7
7	5	6	2	1	9	4	3	8

answer 588

3	2	5	1	4	9	7	6	8
9	7	6	8	3	2	1	5	4
4	8	1	7	6	5	9	3	2
5	1	9	6	2	7	8	4	3
7	4	3	5	9	8	6	2	1
8	6	2	3	1	4	5	9	7
2	9	8	4	7	6	3	1	5
1	5	4	9	8	3	2	7	6
6	3	7	2	5	1	4	8	9

answer 589

7	9	1	6	3	5	4	2	8
5	4	2	1	7	8	6	9	3
8	3	6	2	9	4	7	5	1
4	2	7	5	8	3	1	6	9
1	6	5	9	4	2	3	8	7
3	8	9	7	1	6	5	4	2
9	5	3	8	6	7	2	1	4
2	7	8	4	5	1	9	3	6
6	1	4	3	2	9	8	7	5

answer 590

6	5	1	3	4	9	8	7	2
7	2	4	5	8	1	3	9	6
9	8	3	2	7	6	1	4	5
4	6	5	8	3	7	2	1	9
2	1	7	6	9	5	4	3	8
3	9	8	1	2	4	5	6	7
1	7	2	9	5	3	6	8	4
8	4	6	7	1	2	9	5	3
5	3	9	4	6	8	7	2	1

answer 591

9	1	8	3	2	6	5	7	4
7	2	4	5	9	1	8	3	6
6	3	5	8	4	7	1	2	9
8	6	7	2	1	3	4	9	5
1	9	2	6	5	4	7	8	3
4	5	3	9	7	8	6	1	2
3	8	1	4	6	9	2	5	7
5	7	6	1	3	2	9	4	8
2	4	9	7	8	5	3	6	1

answer 592

3	1	4	9	8	5	2	6	7
9	2	5	6	1	7	3	8	4
8	6	7	4	3	2	9	5	1
5	3	6	7	9	1	4	2	8
1	4	8	5	2	3	7	9	6
2	7	9	8	4	6	1	3	5
6	8	3	1	7	9	5	4	2
4	9	1	2	5	8	6	7	3
7	5	2	3	6	4	8	1	9

answer 593

6	3	8	5	9	1	2	7	4
4	9	2	6	7	8	5	1	3
5	7	1	3	2	4	8	9	6
3	8	5	9	1	2	4	6	7
2	1	9	7	4	6	3	8	5
7	6	4	8	5	3	1	2	9
9	2	7	4	8	5	6	3	1
8	4	6	1	3	7	9	5	2
1	5	3	2	6	9	7	4	8

answer 594

4	8	5	2	9	7	1	3	6
7	6	1	5	8	3	2	4	9
9	2	3	4	1	6	7	5	8
3	1	8	6	4	9	5	2	7
2	9	4	7	5	8	3	6	1
5	7	6	3	2	1	9	8	4
8	4	7	9	3	2	6	1	5
6	5	2	1	7	4	8	9	3
1	3	9	8	6	5	4	7	2

answer 595

2	6	7	9	3	8	1	4	5
5	8	1	6	7	4	2	3	9
3	4	9	1	5	2	8	6	7
8	3	4	7	1	6	5	9	2
9	1	5	2	4	3	7	8	6
7	2	6	5	8	9	3	1	4
1	9	2	8	6	7	4	5	3
4	7	8	3	9	5	6	2	1
6	5	3	4	2	1	9	7	8

answer 596

2	1	3	7	4	5	9	8	6
5	4	7	9	8	6	1	2	3
8	6	9	3	1	2	4	5	7
7	5	4	6	2	1	8	3	9
6	2	8	4	3	9	5	7	1
9	3	1	8	5	7	2	6	4
1	9	5	2	7	3	6	4	8
3	8	2	1	6	4	7	9	5
4	7	6	5	9	8	3	1	2

answer 597

8	7	2	5	3	9	6	1	4
1	4	9	8	6	2	3	7	5
5	6	3	1	7	4	8	9	2
2	1	7	9	5	6	4	8	3
4	9	8	3	2	1	7	5	6
6	3	5	7	4	8	1	2	9
9	2	1	6	8	3	5	4	7
7	8	6	4	9	5	2	3	1
3	5	4	2	1	7	9	6	8

answer 598

8	4	2	6	5	7	1	9	3
3	6	7	9	2	1	4	8	5
1	5	9	4	3	8	2	6	7
5	3	6	8	1	4	7	2	9
9	7	4	2	6	5	3	1	8
2	8	1	7	9	3	5	4	6
7	2	8	5	4	9	6	3	1
4	1	5	3	8	6	9	7	2
6	9	3	1	7	2	8	5	4

answer 599

6	3	5	9	4	2	8	1	7
7	4	9	1	8	3	5	6	2
2	8	1	7	6	5	4	9	3
3	2	4	6	9	8	1	7	5
8	9	7	5	1	4	2	3	6
1	5	6	2	3	7	9	8	4
9	1	3	4	5	6	7	2	8
5	6	2	8	7	9	3	4	1
4	7	8	3	2	1	6	5	9

answer 600

3	9	4	6	8	5	7	1	2
8	7	2	4	1	3	9	5	6
6	1	5	2	9	7	8	4	3
9	6	8	1	5	4	3	2	7
2	4	1	7	3	8	6	9	5
5	3	7	9	6	2	1	8	4
4	8	3	5	7	9	2	6	1
7	2	6	8	4	1	5	3	9
1	5	9	3	2	6	4	7	8

answer 601

1	7	5	3	9	8	6	4	2
4	2	9	5	6	7	8	1	3
6	3	8	1	2	4	7	5	9
7	8	2	4	3	6	1	9	5
3	5	6	9	7	1	2	8	4
9	1	4	8	5	2	3	6	7
2	4	7	6	8	9	5	3	1
5	6	1	7	4	3	9	2	8
8	9	3	2	1	5	4	7	6

answer 602

7	4	9	2	6	8	1	3	5
8	1	3	9	7	5	4	6	2
2	5	6	1	3	4	7	9	8
5	2	1	6	8	3	9	7	4
9	8	4	7	5	1	3	2	6
3	6	7	4	2	9	8	5	1
4	7	2	3	1	6	5	8	9
6	9	5	8	4	7	2	1	3
1	3	8	5	9	2	6	4	7

answer 603

5	6	4	8	1	9	2	7	3
1	2	8	7	6	3	5	9	4
9	3	7	4	5	2	6	8	1
4	1	3	2	8	6	7	5	9
2	7	9	3	4	5	8	1	6
6	8	5	1	9	7	4	3	2
3	9	2	5	7	4	1	6	8
7	4	1	6	3	8	9	2	5
8	5	6	9	2	1	3	4	7

answer 604

2	6	3	8	4	7	5	1	9
7	9	5	1	2	3	6	8	4
8	1	4	5	9	6	3	2	7
6	3	7	4	8	2	1	9	5
4	5	9	6	7	1	8	3	2
1	2	8	9	3	5	7	4	6
5	4	2	7	1	8	9	6	3
3	7	1	2	6	9	4	5	8
9	8	6	3	5	4	2	7	1

answer 605

4	8	1	3	7	5	6	9	2
6	3	5	9	1	2	7	4	8
7	9	2	6	4	8	3	1	5
3	6	8	7	2	4	9	5	1
9	1	4	5	8	6	2	7	3
5	2	7	1	9	3	8	6	4
2	7	3	4	5	9	1	8	6
1	4	6	8	3	7	5	2	9
8	5	9	2	6	1	4	3	7

answer 606

7	6	4	1	3	5	2	8	9
3	9	8	4	6	2	1	7	5
1	2	5	7	8	9	4	6	3
4	7	2	6	5	8	9	3	1
5	8	6	9	1	3	7	4	2
9	3	1	2	7	4	8	5	6
2	1	3	8	4	6	5	9	7
6	4	7	5	9	1	3	2	8
8	5	9	3	2	7	6	1	4

answer 607

8	4	3	9	7	1	2	5	6
6	1	9	5	8	2	3	4	7
7	5	2	4	6	3	1	9	8
4	3	1	8	2	9	6	7	5
5	8	6	7	1	4	9	3	2
2	9	7	6	3	5	4	8	1
3	6	5	2	4	8	7	1	9
1	7	8	3	9	6	5	2	4
9	2	4	1	5	7	8	6	3

answer 608

3	2	7	9	6	1	5	4	8
1	6	4	8	5	2	7	3	9
5	9	8	3	7	4	2	1	6
7	1	2	4	3	9	8	6	5
6	8	3	7	1	5	4	9	2
9	4	5	6	2	8	1	7	3
8	3	1	5	4	6	9	2	7
4	5	6	2	9	7	3	8	1
2	7	9	1	8	3	6	5	4

answer 609

4	2	5	1	7	6	8	9	3
8	1	3	2	9	4	7	6	5
6	9	7	3	8	5	4	2	1
3	7	8	5	2	9	6	1	4
2	6	9	7	4	1	5	3	8
1	5	4	8	6	3	9	7	2
9	3	6	4	1	8	2	5	7
7	8	1	9	5	2	3	4	6
5	4	2	6	3	7	1	8	9

answer 610

8	2	5	7	1	9	4	3	6
1	7	6	3	5	4	9	8	2
9	3	4	6	8	2	5	7	1
3	5	8	9	6	7	1	2	4
4	9	7	1	2	3	8	6	5
6	1	2	5	4	8	3	9	7
2	8	9	4	7	5	6	1	3
5	6	3	2	9	1	7	4	8
7	4	1	8	3	6	2	5	9

answer 611

3	9	2	6	8	4	5	7	1
4	1	8	9	7	5	2	6	3
6	5	7	1	3	2	8	9	4
1	7	5	3	9	6	4	2	8
2	6	4	8	5	7	3	1	9
9	8	3	4	2	1	6	5	7
8	2	9	7	6	3	1	4	5
5	3	1	2	4	9	7	8	6
7	4	6	5	1	8	9	3	2

answer 612

8	7	4	1	3	6	9	2	5
5	9	3	8	2	4	1	7	6
6	2	1	5	9	7	3	8	4
4	5	6	7	8	9	2	3	1
2	1	7	3	6	5	4	9	8
9	3	8	2	4	1	5	6	7
7	4	9	6	1	3	8	5	2
3	8	5	4	7	2	6	1	9
1	6	2	9	5	8	7	4	3

answer 613

3	4	8	1	7	5	9	6	2
7	5	9	2	6	3	8	4	1
6	2	1	9	4	8	7	5	3
9	3	2	6	5	4	1	8	7
8	6	5	7	2	1	3	9	4
4	1	7	8	3	9	5	2	6
2	9	4	5	1	7	6	3	8
1	8	6	3	9	2	4	7	5
5	7	3	4	8	6	2	1	9

answer 614

7	6	2	9	5	3	1	4	8
4	3	5	8	1	7	9	6	2
8	9	1	6	2	4	5	7	3
1	5	7	2	4	8	6	3	9
6	8	9	5	3	1	4	2	7
3	2	4	7	9	6	8	5	1
2	7	6	1	8	5	3	9	4
9	1	3	4	6	2	7	8	5
5	4	8	3	7	9	2	1	6

answer 615

6	5	4	9	2	3	7	1	8
3	2	1	6	8	7	4	5	9
9	7	8	4	5	1	2	6	3
7	8	2	5	1	4	3	9	6
1	6	9	7	3	8	5	4	2
4	3	5	2	9	6	8	7	1
2	1	6	3	4	5	9	8	7
5	9	7	8	6	2	1	3	4
8	4	3	1	7	9	6	2	5

answer 616

6	4	1	3	2	9	8	7	5
9	5	3	7	8	6	4	2	1
2	7	8	5	4	1	6	9	3
4	6	7	9	3	8	1	5	2
8	9	5	6	1	2	7	3	4
3	1	2	4	5	7	9	8	6
5	3	6	8	7	4	2	1	9
7	2	4	1	9	5	3	6	8
1	8	9	2	6	3	5	4	7

answer 617

9	2	6	1	7	8	4	3	5
3	8	4	9	6	5	2	7	1
7	1	5	3	4	2	8	6	9
6	9	8	5	1	4	3	2	7
4	3	1	7	2	6	9	5	8
2	5	7	8	9	3	1	4	6
1	6	9	4	3	7	5	8	2
5	7	3	2	8	9	6	1	4
8	4	2	6	5	1	7	9	3

answer 618

8	9	3	7	2	6	1	5	4
4	2	7	1	5	3	8	6	9
6	1	5	4	8	9	3	7	2
7	4	1	8	9	2	5	3	6
3	5	9	6	1	7	2	4	8
2	8	6	5	3	4	9	1	7
1	7	2	3	4	8	6	9	5
9	3	4	2	6	5	7	8	1
5	6	8	9	7	1	4	2	3

answer 619

8	7	5	3	9	6	2	4	1
3	9	2	1	8	4	7	5	6
4	6	1	2	5	7	9	8	3
1	3	7	9	4	8	5	6	2
2	5	9	7	6	1	8	3	4
6	4	8	5	2	3	1	7	9
5	1	6	4	7	9	3	2	8
7	8	3	6	1	2	4	9	5
9	2	4	8	3	5	6	1	7

answer 620

4	3	9	2	7	1	6	5	8
5	7	2	8	4	6	3	1	9
8	6	1	3	9	5	4	7	2
6	2	8	4	1	7	9	3	5
9	1	3	5	8	2	7	6	4
7	5	4	9	6	3	8	2	1
3	9	5	7	2	8	1	4	6
1	4	7	6	5	9	2	8	3
2	8	6	1	3	4	5	9	7

answer 621

4	3	5	1	8	6	2	9	7
9	1	8	7	2	5	3	6	4
6	2	7	9	3	4	8	1	5
8	7	9	5	1	3	4	2	6
2	4	3	6	9	7	1	5	8
1	5	6	2	4	8	7	3	9
7	6	2	8	5	1	9	4	3
3	8	1	4	6	9	5	7	2
5	9	4	3	7	2	6	8	1

answer 622

1	8	9	7	4	2	3	5	6
2	6	5	3	8	1	4	7	9
4	7	3	9	6	5	8	2	1
3	2	6	1	5	7	9	4	8
8	5	7	4	9	3	1	6	2
9	4	1	8	2	6	5	3	7
6	1	4	2	3	8	7	9	5
7	9	2	5	1	4	6	8	3
5	3	8	6	7	9	2	1	4

answer 623

7	4	9	6	8	3	1	2	5
5	1	6	4	2	7	3	8	9
3	2	8	9	5	1	6	4	7
6	3	4	7	9	8	2	5	1
8	9	1	5	4	2	7	6	3
2	5	7	1	3	6	8	9	4
9	7	2	8	1	4	5	3	6
1	8	5	3	6	9	4	7	2
4	6	3	2	7	5	9	1	8

answer 624

1	3	8	7	6	4	5	9	2
5	2	6	9	1	3	7	8	4
9	7	4	2	5	8	6	3	1
3	9	2	5	8	6	1	4	7
6	4	7	3	2	1	8	5	9
8	1	5	4	7	9	2	6	3
2	6	3	1	4	5	9	7	8
7	8	9	6	3	2	4	1	5
4	5	1	8	9	7	3	2	6

answer 625

3	1	7	8	4	6	5	2	9
5	2	9	3	1	7	4	6	8
8	6	4	2	9	5	7	1	3
9	7	6	5	2	4	8	3	1
4	5	2	1	8	3	9	7	6
1	8	3	6	7	9	2	4	5
7	4	1	9	6	8	3	5	2
2	9	5	4	3	1	6	8	7
6	3	8	7	5	2	1	9	4

answer 626

4	6	2	7	1	3	9	5	8
8	9	3	5	2	4	7	6	1
7	5	1	9	8	6	2	4	3
1	3	4	6	5	2	8	7	9
2	8	6	3	9	7	5	1	4
5	7	9	1	4	8	3	2	6
3	4	7	8	6	5	1	9	2
9	2	8	4	7	1	6	3	5
6	1	5	2	3	9	4	8	7

answer 627

4	3	5	9	6	8	7	1	2
2	6	9	4	7	1	8	3	5
7	8	1	5	2	3	9	6	4
8	5	7	6	3	9	2	4	1
6	9	3	1	4	2	5	8	7
1	2	4	7	8	5	3	9	6
3	7	6	8	5	4	1	2	9
5	1	8	2	9	6	4	7	3
9	4	2	3	1	7	6	5	8

answer 628

6	3	2	4	9	8	1	5	7
4	7	5	1	2	6	3	8	9
8	9	1	7	5	3	2	6	4
9	6	8	2	1	7	4	3	5
5	2	3	9	6	4	7	1	8
7	1	4	3	8	5	9	2	6
2	4	6	8	7	1	5	9	3
3	5	9	6	4	2	8	7	1
1	8	7	5	3	9	6	4	2

answer 629

5	9	1	4	3	8	2	7	6
8	7	4	2	6	9	5	1	3
6	2	3	1	7	5	8	4	9
3	1	5	7	8	6	9	2	4
9	8	2	3	4	1	6	5	7
4	6	7	5	9	2	1	3	8
1	4	9	6	2	7	3	8	5
7	5	8	9	1	3	4	6	2
2	3	6	8	5	4	7	9	1

answer 630

2	6	7	4	3	5	9	8	1
9	5	1	8	7	6	3	4	2
4	8	3	9	1	2	5	7	6
3	2	4	5	8	9	6	1	7
8	1	9	7	6	3	2	5	4
6	7	5	1	2	4	8	3	9
1	4	2	6	5	8	7	9	3
7	3	8	2	9	1	4	6	5
5	9	6	3	4	7	1	2	8

answer 631

5	1	7	6	4	9	2	8	3
6	2	9	8	1	3	4	7	5
8	4	3	7	2	5	6	9	1
1	5	4	3	9	2	7	6	8
3	7	8	5	6	4	1	2	9
9	6	2	1	8	7	5	3	4
2	3	5	9	7	1	8	4	6
7	8	1	4	3	6	9	5	2
4	9	6	2	5	8	3	1	7

answer 632

7	5	9	3	2	1	6	4	8
6	3	2	8	4	7	5	1	9
8	1	4	6	9	5	2	7	3
1	2	8	9	6	4	7	3	5
3	4	7	2	5	8	9	6	1
5	9	6	1	7	3	8	2	4
9	8	3	7	1	6	4	5	2
4	7	1	5	8	2	3	9	6
2	6	5	4	3	9	1	8	7

answer 633

7	2	6	3	4	8	1	5	9
4	1	5	9	2	6	7	8	3
9	8	3	1	5	7	2	6	4
6	3	9	8	7	4	5	1	2
2	7	4	6	1	5	3	9	8
1	5	8	2	9	3	6	4	7
8	4	1	7	6	2	9	3	5
5	6	7	4	3	9	8	2	1
3	9	2	5	8	1	4	7	6

answer 634

5	9	2	8	6	7	1	3	4
8	4	3	2	1	5	9	6	7
6	1	7	9	4	3	5	8	2
2	5	1	3	9	6	4	7	8
4	7	6	5	2	8	3	1	9
9	3	8	1	7	4	2	5	6
7	2	5	4	8	1	6	9	3
3	8	4	6	5	9	7	2	1
1	6	9	7	3	2	8	4	5

answer 635

9	1	5	3	8	2	6	4	7
2	7	4	9	5	6	1	3	8
8	6	3	4	1	7	2	5	9
3	8	9	7	2	1	4	6	5
1	5	7	8	6	4	3	9	2
4	2	6	5	3	9	8	7	1
6	3	8	1	7	5	9	2	4
5	4	1	2	9	3	7	8	6
7	9	2	6	4	8	5	1	3

answer 636

6	8	7	4	2	1	9	3	5
3	4	5	6	7	9	8	2	1
9	1	2	8	3	5	4	6	7
2	6	1	9	8	3	5	7	4
5	7	9	2	1	4	6	8	3
8	3	4	5	6	7	1	9	2
7	2	8	1	5	6	3	4	9
4	5	3	7	9	8	2	1	6
1	9	6	3	4	2	7	5	8

answer 637

1	2	4	7	3	5	6	9	8
5	3	7	6	9	8	4	1	2
8	9	6	1	2	4	5	7	3
4	5	9	2	8	7	1	3	6
3	7	8	5	6	1	9	2	4
6	1	2	9	4	3	7	8	5
9	8	3	4	7	6	2	5	1
7	6	5	3	1	2	8	4	9
2	4	1	8	5	9	3	6	7

answer 638

8	2	6	5	4	1	9	7	3
5	1	9	6	7	3	8	2	4
3	7	4	2	8	9	1	5	6
1	9	3	4	2	8	5	6	7
2	8	5	7	3	6	4	1	9
4	6	7	1	9	5	2	3	8
7	4	8	3	1	2	6	9	5
6	3	2	9	5	4	7	8	1
9	5	1	8	6	7	3	4	2

answer 639

5	7	3	1	4	6	9	8	2
1	9	2	5	8	7	4	3	6
8	4	6	3	9	2	1	7	5
4	2	1	9	6	8	3	5	7
7	3	5	4	2	1	8	6	9
6	8	9	7	5	3	2	1	4
3	5	4	6	1	9	7	2	8
2	6	7	8	3	4	5	9	1
9	1	8	2	7	5	6	4	3

answer 640

1	6	2	5	3	4	8	9	7
3	4	7	9	8	2	6	1	5
5	8	9	7	1	6	4	2	3
6	9	5	3	7	8	2	4	1
2	7	8	1	4	9	3	5	6
4	1	3	2	6	5	7	8	9
7	2	6	8	5	1	9	3	4
9	3	1	4	2	7	5	6	8
8	5	4	6	9	3	1	7	2

answer 641

7	5	3	4	9	6	2	1	8
2	4	6	1	7	8	9	5	3
1	8	9	5	2	3	7	6	4
4	2	7	8	3	1	6	9	5
3	6	1	9	4	5	8	7	2
5	9	8	2	6	7	4	3	1
6	1	5	7	8	4	3	2	9
9	7	4	3	5	2	1	8	6
8	3	2	6	1	9	5	4	7

answer 642

7	2	8	9	1	5	3	6	4
9	1	4	6	3	8	7	5	2
6	3	5	4	2	7	8	9	1
5	8	2	3	9	4	1	7	6
1	7	9	2	8	6	5	4	3
4	6	3	7	5	1	9	2	8
8	4	7	1	6	9	2	3	5
3	9	1	5	4	2	6	8	7
2	5	6	8	7	3	4	1	9

answer 643

7	3	2	5	9	8	6	4	1
6	4	1	2	3	7	9	8	5
9	5	8	6	1	4	3	7	2
2	6	7	3	8	5	4	1	9
3	1	4	7	6	9	2	5	8
8	9	5	4	2	1	7	6	3
4	2	6	1	5	3	8	9	7
1	8	3	9	7	6	5	2	4
5	7	9	8	4	2	1	3	6

answer 644

2	8	7	5	4	6	9	1	3
9	4	5	1	3	2	6	8	7
6	3	1	7	8	9	2	4	5
3	6	8	9	7	5	1	2	4
7	1	9	3	2	4	5	6	8
4	5	2	8	6	1	3	7	9
5	2	6	4	9	7	8	3	1
8	9	4	6	1	3	7	5	2
1	7	3	2	5	8	4	9	6

answer 645

5	1	7	2	3	6	8	4	9
8	9	6	5	4	1	7	3	2
2	4	3	7	8	9	6	5	1
7	2	1	4	5	8	9	6	3
9	6	8	3	1	7	5	2	4
4	3	5	9	6	2	1	7	8
6	7	9	1	2	4	3	8	5
1	5	2	8	7	3	4	9	6
3	8	4	6	9	5	2	1	7

answer 646

2	7	4	9	5	6	1	3	8
5	9	1	2	3	8	7	6	4
8	3	6	4	1	7	5	2	9
6	1	2	5	8	3	9	4	7
7	4	8	1	9	2	6	5	3
3	5	9	6	7	4	2	8	1
9	6	7	3	4	5	8	1	2
4	8	5	7	2	1	3	9	6
1	2	3	8	6	9	4	7	5

answer 647

1	9	8	3	4	5	6	2	7
5	4	7	2	8	6	3	1	9
3	6	2	7	1	9	4	5	8
4	7	1	6	2	3	9	8	5
8	3	9	4	5	1	2	7	6
6	2	5	8	9	7	1	4	3
9	8	4	5	3	2	7	6	1
2	1	6	9	7	8	5	3	4
7	5	3	1	6	4	8	9	2

answer 648

5	7	4	6	9	1	8	2	3
8	6	2	4	7	3	1	9	5
9	1	3	5	8	2	4	6	7
3	9	7	8	1	5	2	4	6
1	5	6	2	4	7	9	3	8
4	2	8	3	6	9	5	7	1
6	8	9	1	3	4	7	5	2
7	3	5	9	2	8	6	1	4
2	4	1	7	5	6	3	8	9

answer 649

3	5	2	9	8	6	7	4	1
8	9	7	2	1	4	3	5	6
4	6	1	7	5	3	2	8	9
9	1	8	3	4	2	6	7	5
2	3	6	5	7	8	9	1	4
5	7	4	6	9	1	8	3	2
1	8	9	4	2	7	5	6	3
6	4	5	8	3	9	1	2	7
7	2	3	1	6	5	4	9	8

answer 650

5	2	8	7	1	3	6	4	9
6	1	7	4	9	2	3	5	8
3	4	9	8	6	5	1	7	2
9	5	6	3	7	4	2	8	1
8	3	1	2	5	9	7	6	4
2	7	4	6	8	1	9	3	5
1	8	5	9	3	7	4	2	6
7	9	2	5	4	6	8	1	3
4	6	3	1	2	8	5	9	7

answer 651

7	5	2	1	3	9	4	8	6
4	6	1	5	8	7	9	3	2
9	8	3	2	4	6	1	5	7
6	3	7	4	9	8	5	2	1
2	9	8	3	1	5	6	7	4
5	1	4	7	6	2	8	9	3
1	4	5	8	2	3	7	6	9
8	2	9	6	7	4	3	1	5
3	7	6	9	5	1	2	4	8

answer 652

5	6	2	7	8	1	3	9	4
4	3	1	6	9	2	8	5	7
8	9	7	5	3	4	2	1	6
9	7	5	1	2	3	6	4	8
1	4	8	9	6	7	5	3	2
6	2	3	4	5	8	1	7	9
7	5	6	8	1	9	4	2	3
3	8	9	2	4	5	7	6	1
2	1	4	3	7	6	9	8	5

answer 653

6	3	5	2	8	7	9	4	1
8	7	9	4	5	1	3	6	2
2	4	1	9	3	6	5	8	7
3	8	7	6	2	9	4	1	5
5	9	2	8	1	4	7	3	6
1	6	4	5	7	3	2	9	8
4	5	6	7	9	8	1	2	3
7	1	8	3	4	2	6	5	9
9	2	3	1	6	5	8	7	4

answer 654

6	5	4	1	2	7	9	3	8
8	1	2	4	3	9	6	7	5
3	7	9	6	8	5	1	4	2
7	4	3	2	5	6	8	9	1
1	9	6	8	7	4	2	5	3
2	8	5	3	9	1	4	6	7
5	2	8	9	4	3	7	1	6
9	3	1	7	6	8	5	2	4
4	6	7	5	1	2	3	8	9

answer 655

2	4	9	1	7	3	8	5	6
6	8	5	9	2	4	3	7	1
1	3	7	8	6	5	9	2	4
3	6	2	4	9	8	5	1	7
8	5	1	2	3	7	6	4	9
7	9	4	5	1	6	2	8	3
9	2	6	7	8	1	4	3	5
4	1	8	3	5	9	7	6	2
5	7	3	6	4	2	1	9	8

answer 656

9	2	4	8	1	7	3	5	6
8	7	5	6	4	3	2	9	1
1	3	6	9	5	2	4	7	8
3	8	2	7	6	5	9	1	4
6	4	7	1	9	8	5	3	2
5	1	9	2	3	4	8	6	7
2	9	8	3	7	1	6	4	5
4	6	1	5	2	9	7	8	3
7	5	3	4	8	6	1	2	9

answer 657

9	6	7	8	4	1	2	3	5
4	5	3	2	9	6	1	8	7
8	1	2	3	7	5	9	6	4
7	9	8	6	1	3	5	4	2
1	2	6	5	8	4	7	9	3
5	3	4	9	2	7	8	1	6
6	8	5	1	3	2	4	7	9
3	4	1	7	5	9	6	2	8
2	7	9	4	6	8	3	5	1

answer 658

3	9	1	5	2	4	7	8	6
4	8	7	3	6	1	5	2	9
6	5	2	7	9	8	3	1	4
9	7	8	4	1	2	6	5	3
2	4	3	6	5	7	8	9	1
5	1	6	9	8	3	2	4	7
8	3	9	1	7	5	4	6	2
1	2	4	8	3	6	9	7	5
7	6	5	2	4	9	1	3	8

answer 659

7	8	3	9	2	1	6	4	5
2	4	1	8	6	5	3	7	9
6	5	9	3	4	7	8	1	2
4	6	2	1	8	9	7	5	3
8	1	5	7	3	4	2	9	6
9	3	7	6	5	2	1	8	4
1	2	8	5	9	3	4	6	7
3	9	6	4	7	8	5	2	1
5	7	4	2	1	6	9	3	8

answer 660

1	7	2	9	6	3	5	8	4
3	9	8	4	5	2	1	7	6
5	4	6	8	7	1	2	3	9
2	8	3	5	1	9	4	6	7
6	5	7	3	8	4	9	2	1
9	1	4	6	2	7	8	5	3
7	2	9	1	3	5	6	4	8
4	6	5	7	9	8	3	1	2
8	3	1	2	4	6	7	9	5

answer 661

3	8	4	9	6	5	7	2	1
9	2	1	4	8	7	6	3	5
6	7	5	1	3	2	9	4	8
4	3	2	6	1	9	5	8	7
1	6	8	7	5	3	2	9	4
5	9	7	8	2	4	3	1	6
8	1	3	2	7	6	4	5	9
2	4	6	5	9	1	8	7	3
7	5	9	3	4	8	1	6	2

answer 662

8	9	4	7	5	3	2	1	6
7	3	6	1	4	2	8	9	5
5	2	1	9	8	6	3	4	7
9	8	3	2	7	5	1	6	4
4	7	2	3	6	1	9	5	8
6	1	5	8	9	4	7	3	2
2	4	7	5	3	9	6	8	1
3	5	8	6	1	7	4	2	9
1	6	9	4	2	8	5	7	3

answer 663

9	6	3	7	4	1	8	2	5
7	2	4	9	8	5	6	1	3
1	5	8	6	2	3	9	7	4
5	7	6	8	9	4	1	3	2
2	4	1	5	3	6	7	9	8
8	3	9	1	7	2	4	5	6
4	9	2	3	1	8	5	6	7
3	1	5	4	6	7	2	8	9
6	8	7	2	5	9	3	4	1

answer 664

8	1	4	6	5	9	7	2	3
2	7	6	8	3	1	5	4	9
3	9	5	2	4	7	1	6	8
5	2	7	3	1	6	8	9	4
4	8	1	5	9	2	6	3	7
6	3	9	4	7	8	2	5	1
7	4	2	1	6	3	9	8	5
9	6	3	7	8	5	4	1	2
1	5	8	9	2	4	3	7	6

answer 665

5	4	2	7	1	9	8	3	6
8	1	7	2	3	6	5	4	9
9	6	3	4	8	5	7	1	2
6	3	4	1	5	8	2	9	7
2	9	5	6	7	3	1	8	4
7	8	1	9	2	4	6	5	3
1	7	8	3	9	2	4	6	5
4	2	9	5	6	1	3	7	8
3	5	6	8	4	7	9	2	1

answer 666

7	5	2	1	3	9	8	6	4
4	6	8	2	7	5	3	1	9
9	3	1	8	6	4	5	7	2
1	9	7	6	8	2	4	3	5
5	2	3	9	4	1	6	8	7
6	8	4	3	5	7	2	9	1
3	4	9	7	2	6	1	5	8
8	7	5	4	1	3	9	2	6
2	1	6	5	9	8	7	4	3

answer 667

3	7	1	6	9	5	2	4	8
6	2	9	7	8	4	1	5	3
8	5	4	3	2	1	7	9	6
5	3	7	2	4	9	8	6	1
1	4	8	5	6	3	9	2	7
2	9	6	8	1	7	5	3	4
4	1	2	9	3	8	6	7	5
7	6	3	1	5	2	4	8	9
9	8	5	4	7	6	3	1	2

answer 668

7	3	2	5	8	1	4	9	6
8	6	4	9	3	2	1	7	5
1	5	9	7	6	4	3	8	2
5	2	6	1	4	9	7	3	8
9	1	8	3	7	5	6	2	4
4	7	3	6	2	8	9	5	1
6	9	5	2	1	7	8	4	3
3	4	7	8	5	6	2	1	9
2	8	1	4	9	3	5	6	7

answer 669

6	5	3	1	9	2	4	8	7
9	1	7	4	3	8	5	6	2
8	2	4	6	5	7	9	1	3
2	7	1	8	4	5	6	3	9
3	9	8	7	6	1	2	4	5
5	4	6	3	2	9	8	7	1
4	6	9	5	7	3	1	2	8
1	3	5	2	8	4	7	9	6
7	8	2	9	1	6	3	5	4

answer 670

4	2	3	9	7	5	1	6	8
6	5	7	2	1	8	9	3	4
8	1	9	3	6	4	2	5	7
5	7	4	1	9	2	6	8	3
2	3	6	8	5	7	4	9	1
1	9	8	4	3	6	5	7	2
9	8	1	5	2	3	7	4	6
7	4	5	6	8	1	3	2	9
3	6	2	7	4	9	8	1	5

answer 671

5	3	4	8	7	9	1	2	6
6	1	8	3	4	2	7	5	9
7	9	2	6	5	1	8	3	4
1	5	6	2	8	7	4	9	3
9	4	3	5	1	6	2	8	7
2	8	7	9	3	4	5	6	1
8	7	5	1	9	3	6	4	2
4	6	9	7	2	5	3	1	8
3	2	1	4	6	8	9	7	5

answer 672

5	8	9	2	7	3	1	6	4
3	6	4	9	8	1	2	5	7
7	2	1	5	4	6	3	9	8
1	7	5	6	9	4	8	2	3
2	4	8	3	1	5	6	7	9
9	3	6	8	2	7	5	4	1
6	1	7	4	3	2	9	8	5
4	9	2	1	5	8	7	3	6
8	5	3	7	6	9	4	1	2

answer 673

3	4	5	1	8	7	2	9	6
9	1	6	4	2	3	5	8	7
2	7	8	5	9	6	4	3	1
7	8	1	9	6	2	3	4	5
5	3	2	8	1	4	6	7	9
4	6	9	7	3	5	1	2	8
1	2	7	3	5	8	9	6	4
8	5	3	6	4	9	7	1	2
6	9	4	2	7	1	8	5	3

answer 674

6	1	3	5	4	7	8	9	2
7	8	2	6	3	9	4	1	5
9	5	4	2	1	8	3	7	6
8	2	7	3	6	5	1	4	9
3	4	9	1	8	2	5	6	7
1	6	5	9	7	4	2	8	3
4	3	1	7	2	6	9	5	8
5	7	8	4	9	3	6	2	1
2	9	6	8	5	1	7	3	4

answer 675

3	5	6	9	1	7	4	8	2
9	8	2	6	5	4	1	7	3
7	1	4	8	2	3	9	6	5
4	2	9	5	8	6	7	3	1
5	7	1	3	4	2	8	9	6
8	6	3	7	9	1	2	5	4
6	4	5	1	7	9	3	2	8
1	3	7	2	6	8	5	4	9
2	9	8	4	3	5	6	1	7

answer 676

1	5	8	6	3	7	4	9	2
7	6	2	4	9	5	3	8	1
3	4	9	2	1	8	6	5	7
4	8	3	5	2	9	7	1	6
5	9	1	3	7	6	8	2	4
6	2	7	8	4	1	9	3	5
8	7	6	1	5	3	2	4	9
9	1	4	7	8	2	5	6	3
2	3	5	9	6	4	1	7	8

answer 677

7	2	4	8	3	1	9	6	5
6	8	1	9	7	5	2	4	3
3	9	5	4	6	2	7	1	8
9	4	6	7	1	3	8	5	2
8	1	2	6	5	9	4	3	7
5	7	3	2	4	8	1	9	6
1	6	7	3	2	4	5	8	9
2	5	9	1	8	6	3	7	4
4	3	8	5	9	7	6	2	1

answer 678

6	2	4	3	8	5	1	9	7
9	7	5	6	1	2	4	8	3
1	3	8	7	9	4	5	6	2
5	4	9	1	3	7	6	2	8
3	8	6	2	5	9	7	1	4
7	1	2	4	6	8	9	3	5
4	9	7	8	2	6	3	5	1
8	5	1	9	7	3	2	4	6
2	6	3	5	4	1	8	7	9

answer 679

2	9	1	5	4	8	3	6	7
4	8	6	9	7	3	1	5	2
7	5	3	6	2	1	4	9	8
8	1	5	3	9	2	6	7	4
6	3	4	7	8	5	2	1	9
9	2	7	4	1	6	8	3	5
5	6	2	8	3	9	7	4	1
1	4	9	2	6	7	5	8	3
3	7	8	1	5	4	9	2	6

answer 680

2	4	7	6	8	9	5	3	1
6	5	9	1	2	3	4	7	8
3	8	1	4	7	5	9	2	6
1	9	2	5	3	6	8	4	7
5	7	8	2	9	4	6	1	3
4	3	6	7	1	8	2	9	5
9	6	5	3	4	7	1	8	2
7	2	4	8	5	1	3	6	9
8	1	3	9	6	2	7	5	4

answer 681

4	2	7	5	9	6	3	1	8
3	5	1	4	8	2	6	9	7
8	6	9	1	7	3	5	2	4
7	1	6	9	4	5	2	8	3
2	3	8	6	1	7	4	5	9
9	4	5	3	2	8	1	7	6
1	7	4	2	3	9	8	6	5
6	9	2	8	5	4	7	3	1
5	8	3	7	6	1	9	4	2

answer 682

8	5	6	7	3	4	9	2	1
9	4	1	8	5	2	3	6	7
2	3	7	1	6	9	8	5	4
4	9	8	3	2	7	6	1	5
3	6	2	5	9	1	4	7	8
1	7	5	6	4	8	2	9	3
6	2	3	4	7	5	1	8	9
7	1	9	2	8	3	5	4	6
5	8	4	9	1	6	7	3	2

answer 683

8	5	3	9	6	4	7	2	1
2	1	9	8	3	7	4	6	5
7	4	6	1	5	2	8	9	3
6	7	8	3	1	9	5	4	2
1	3	2	4	7	5	6	8	9
4	9	5	6	2	8	1	3	7
3	2	4	5	8	1	9	7	6
5	8	7	2	9	6	3	1	4
9	6	1	7	4	3	2	5	8

answer 684

5	7	1	2	4	8	6	3	9
4	9	8	3	6	7	5	1	2
6	3	2	5	1	9	7	8	4
3	1	9	6	7	4	8	2	5
7	4	6	8	5	2	1	9	3
8	2	5	9	3	1	4	6	7
1	5	3	7	2	6	9	4	8
9	6	7	4	8	3	2	5	1
2	8	4	1	9	5	3	7	6

answer 685

4	1	8	6	2	9	3	5	7
2	6	5	3	8	7	4	9	1
9	7	3	4	5	1	6	8	2
5	3	2	7	1	8	9	4	6
6	8	1	9	4	2	7	3	5
7	9	4	5	6	3	1	2	8
3	2	6	1	9	5	8	7	4
8	4	9	2	7	6	5	1	3
1	5	7	8	3	4	2	6	9

answer 686

8	1	4	6	9	7	5	2	3
5	9	6	3	1	2	7	8	4
2	7	3	5	4	8	1	9	6
1	3	2	8	6	9	4	5	7
7	8	5	4	2	1	3	6	9
4	6	9	7	3	5	2	1	8
6	2	1	9	7	3	8	4	5
3	4	8	1	5	6	9	7	2
9	5	7	2	8	4	6	3	1

answer 687

6	9	5	1	8	2	7	4	3
2	1	4	3	7	5	6	9	8
8	7	3	9	6	4	1	2	5
4	8	9	7	2	3	5	6	1
7	5	1	6	4	8	9	3	2
3	2	6	5	9	1	8	7	4
5	4	7	2	1	9	3	8	6
9	3	8	4	5	6	2	1	7
1	6	2	8	3	7	4	5	9

answer 688

3	1	4	9	8	2	5	7	6
5	7	2	4	6	1	9	3	8
9	8	6	7	3	5	1	4	2
6	2	7	3	5	9	4	8	1
8	3	9	6	1	4	2	5	7
4	5	1	8	2	7	3	6	9
2	9	8	5	4	6	7	1	3
1	4	3	2	7	8	6	9	5
7	6	5	1	9	3	8	2	4

answer 689

7	3	9	2	6	5	4	1	8
5	8	1	9	3	4	2	7	6
6	2	4	7	8	1	5	3	9
9	4	7	8	1	3	6	5	2
1	5	3	6	2	9	8	4	7
2	6	8	4	5	7	1	9	3
4	9	2	1	7	6	3	8	5
8	7	5	3	4	2	9	6	1
3	1	6	5	9	8	7	2	4

answer 690

9	6	7	4	8	3	1	2	5
2	5	3	9	7	1	4	6	8
1	4	8	5	2	6	7	9	3
3	9	5	8	1	2	6	7	4
4	2	6	3	9	7	8	5	1
7	8	1	6	4	5	9	3	2
5	1	2	7	6	8	3	4	9
6	3	9	1	5	4	2	8	7
8	7	4	2	3	9	5	1	6